日本語 ICEBREAK
일본어 아이스브레이크

기초

日本語 ICEBREAK

일본어 아이스브레이크

기초

Watermelon

Dr. James J. Asher
휴스턴 대학과 뉴멕시코 대학에서 텔레비전 저널리즘과 심리학으로 박사 학위를 받고 워싱턴 대학과 스탠포드 대학에서 언어학과 교육심리학을 연구했다. 특히 오른쪽 뇌를 이용한 기억 방식 이론을 창안하여 새로운 외국어 교습법을 제시했다. 그의 교육 이론은 현재 전 세계 국가에 널리 활용되어 언어 교육의 가장 효과적인 교습법으로 검증되고 있다.

Japanese contents house
일본어 전문 교육 콘텐츠 집단으로 누구나 쉽고 재미있게 일본어를 공부할 수 있는 방법을 연구하며 지금까지 다양한 분야에서 관련 일본어 콘텐츠를 기획하고 개발했다.

日本語 ICEBREAK 기초
일본어 아이스브레이크

1판 1쇄 인쇄 2012년 9월 30일
1판 1쇄 발행 2012년 10월 10일

펴낸이	정중모
펴낸곳	Watermelon
기획 편집	Japanese contents house
제작	윤준수
영업	남기성
관리	김명희 박정성 김은성
등록	2003년 9월 3일(제300-2003-162호)
주소	서울시 마포구 잔다리로 2길 7-0
전화	02-3144-1304
팩스	02-3144-0775
홈페이지	www.yolimwon.com
이메일	toctalk@yolimwon.com
카페	http://cafe.naver.com/engicebreak

* 책값은 뒤표지에 있습니다.
ISBN 978-89-7063-751-8 14730
　　　978-89-7063-750-1 (세트)

아직도 일본어가 어렵다고 생각하는 분들에게 고함!

오랜 일본어 걱정을 한 방에 끝!

이 책은 막연히 일본어를 어렵다고 느끼는 외국인들에게 즉각적이고도 유쾌한 효과를 거둔 일본어 교재입니다. 히라가나는 읽을 줄 아는데, 일본어를 할 줄은 모른다? 걱정하지 마세요. 일단 이 책을 가만히 따라하다 보면, 어느새 일본어에 친숙해져 있는 자신의 모습을 발견할 테니까요!

100% 보고 듣는 일본어책

이 책은 전체가 그림으로 표현된 일본어책입니다. 그림이 주는 효과는 크게 두 가지로, 하나는 보는 즉시 내용을 알게 해 주는 것이고 또 하나는 우뇌를 자극해 기억하기 쉽게 도와주는 것이지요. 이 책을 100% 그림으로 보고, 소리로 듣는 동안 머릿속에 일본어가 자연스럽게 차곡차곡 입력된답니다.

망각 곡선에 근거한 자연스런 반복

이 책의 모든 그림과 스크립트는 불규칙적으로 여러 번 반복됩니다. 보통 7번 정도의 우연한 만남이 있어야 대상을 확실히 기억할 수 있다고 하지요. 따라서 이 책은 자연스럽고 불규칙적인 반복 구성으로 여러분이 반사적으로 일본어에 반응할 수 있도록 확실하게 일본어의 기본기를 심어 드립니다.

이 책의 스마트한 사용법 알림!

절대 공부하지 마세요!

공부하는 책이 아닙니다. 그냥 눈으로 훑어보아도 충분합니다. 무료로 제공되는 MP3 파일을 음악처럼 들으면서 이 책을 보면 효과가 더욱 커집니다. 일본어를 단순히 암기하는 것이 아니라 그림과 소리로 자연스럽게 뜻을 파악하면서 몸으로 습득하게 됩니다. 만약 정 뜻이 궁금하다면 밑에 작게 적어 넣은 해석을 살짝 보셔도 돼요!

반복하지 마세요!

앞 내용이 생각나지 않는다고 책장을 앞으로 넘겨 다시 볼 필요 없습니다. 잊을 만하면 자연스럽게 반복되니 책장이 넘어가는 대로 술술 넘어가면서 눈과 귀로 익히세요.

억지로 한국어 뜻을 알려고 하지 마세요!

그림은 내용을 바로 알게 해 주는 장점과 함께 상상력을 자극해 다른 표현과 상황까지 자연스럽게 연결시켜 줍니다. 일본어의 기본 글자만 알면, 이 책에 나와 있는 다양한 그림 내용과 일본어를 통해 일본어로 생각하고 이해하는 언어생활이 자연스레 시작됩니다.

차 례

CHAPTER 1

Lesson 1	Step 01-10	16
Lesson 2	Step 11-20	36
Lesson 3	Step 21-30	56

CHAPTER 2

Lesson 4	Step 01-10	78
Lesson 5	Step 11-20	98
Lesson 6	Step 21-30	118
Lesson 7	Step 31-40	138
Lesson 8	Step 41-50	158
Lesson 9	Step 51-60	178

CHAPTER 3

Lesson 10	Step 01-10	200
Lesson 11	Step 11-20	220
Lesson 12	Step 21-30	240
Lesson 13	Step 31-40	260
Lesson 14	Step 41-50	280
Lesson 15	Step 51-60	300

일본어 기본 글자표 (오십음도)

히라가나 (ひらがな)

행 단	あ행	か행	さ행	た행	な행	は행	ま행	や행	ら행	わ행	
あ단	あ a	か ka	さ sa	た ta	な na	は ha	ま ma	や ya	ら ra	わ wa	ん n
い단	い i	き ki	し si	ち chi	に ni	ひ hi	み mi		り ri		
う단	う u	く ku	す su	つ tsu	ぬ nu	ふ hu	む mu	ゆ yu	る ru		
え단	え e	け ke	せ se	て te	ね ne	へ he	め me		れ re		
お단	お o	こ ko	そ so	と to	の no	ほ ho	も mo	よ yo	ろ ro	を wo	

가타카나 (カタカナ)

행 단	ア행	カ행	サ행	タ행	ナ행	ハ행	マ행	ヤ행	ラ행	ワ행	
ア단	ア a	カ ka	サ sa	タ ta	ナ na	ハ ha	マ ma	ヤ ya	ラ ra	ワ wa	ン n
イ단	イ i	キ ki	シ si	チ chi	ニ ni	ヒ hi	ミ mi		リ ri		
ウ단	ウ u	ク ku	ス su	ツ tsu	ヌ nu	フ hu	ム mu	ユ yu	ル ru		
エ단	エ e	ケ ke	セ se	テ te	ネ ne	ヘ he	メ me		レ re		
オ단	オ o	コ ko	ソ so	ト to	ノ no	ホ ho	モ mo	ヨ yo	ロ ro	ヲ wo	

일본어, 어떻게 읽을까요?

일본어는 히라가나와 가타카나, 한자를 섞어서 씁니다. 오늘날 가장 일반적으로 히라가나와 한자가 두루 쓰이며, 외래어나 의성어, 의태어 그리고 동식물 이름 등에 가타카나가 사용됩니다.

히라가나와 가타카나를 일정한 순서에 따라 5글자씩 10줄로 배열한 기본 글자표가 바로 오십음도(五十音図)입니다. 현재는 오십음도를 다 쓰지 않고 46자를 사용하지요.

첫째, 청음 읽기

청음은 탁음과 반탁음, 요음과 촉음, 장음을 제외한 모든 음을 일컫습니다.
일본어 기본 글자표에 있는 46자 가운데 'ん'을 뺀 나머지 45자가 청음입니다.

1 모음

일본어의 모음은 'あ、い、う、え、お' 5가지가 있습니다. 발음은 우리말 '아, 이, 우, 에, 오'와 비슷한데, 'う'를 발음할 때는 특히 조심해야 하지요. 혀의 위치는 우리말 '우'와 같이 입술 모양은 '으' 발음할 때처럼 둥글게 않게 살짝 옆으로 당겨진 모양을 해야 정확한 발음을 할 수 있거든요.

あ	い	う	え	お
a	i	u	e	o

2 자음

か행

か행의 자음 [k]의 발음은 단어 첫머리에 올 때와 중간이나 끝에 올 때가 다릅니다. 단어 첫머리에서는 우리말 거센소리 'ㅋ'를 약하게 발음할 때와 비슷하고요. 단어의 중간이나 끝에 오는 경우에는 된소리 'ㄲ'에 가깝게 발음해야 합니다.

か	き	く	け	こ
ka	ki	ku	ke	ko

さ행

さ행의 자음 [s]는 우리말의 'ㅅ'과 비슷합니다. 다만, 'す'를 발음할 때는 조심해야 하는데 우리말의 '스'보다 입술이 옆으로 당겨지는 정도가 약하도록 발음해야 하지요.

さ	し	す	せ	そ
sa	si	su	se	so

た행

た행의 'た、て、と'의 자음 [t]는 단어, 첫머리에 올 때와 중간이나 끝에 올 때 발음이 달라집니다. 단어 첫머리에서는 우리말의 'ㅌ'보다 약하게 발음하고요. 단어 중간이나 끝에서는 우리말의 된소리 'ㄸ'에 가깝게 발음하지요. 한편 'ち、つ'의 자음은 우리말의 'ㅊ'과 'ㅉ'의 중간음으로 발음하는데 숨이 너무 세게 나오지 않도록 주의해야 합니다. 특히 'つ'는 '쓰'나 '츠', '추'로 발음하지 않도록 주의해야 하지요.

た	ち	つ	て	と
ta	chi	tsu	te	to

な행

な행은 우리말 'ㄴ'과 같습니다. 다만 'に' 발음의 경우 혀가 입천장에 닿는 위치가 조금 안쪽(경구개쪽)으로 이동하는 경향이 있지요.

な	に	ぬ	ね	の
na	ni	nu	ne	no

は행

は행 가운데 'は、へ、ほ'는 우리말 '하, 헤, 호'와 발음이 비슷합니다. 그러나 'ひ、ふ'의 발음은 주의가 필요해요. 'ひ'는 우리말의 '히' 발음할 때보다 혀와 입천장의 접촉 위치를 안쪽으로 옮겨서 발음해야 합니다. 'ふ'는 양 입술 사이에서 마찰이 일어나므로 뜨거운 물을 식힐 때 '후후' 부는 소리를 짧게 발음하는 식으로 하면 돼요.

は	ひ	ふ	へ	ほ
ha	hi	hu	he	ho

ま행

ま행은 우리말의 'ㅁ'과 비슷하며 짧고 가볍게 발음합니다.

ま	み	む	め	も
ma	mi	mu	me	mo

や행

や행은 반모음으로 우리말 '야, 유, 요'와 비슷하게 발음합니다.

や		ゆ		よ
ya		yu		yo

ら행
ら 행은 우리말의 말 첫머리에 오는 자음 'ㄹ'과 비슷하게 발음합니다.

ら	り	る	れ	ろ
ra	ri	ru	re	ro

わ행
'わ'는 우리말 '와'와 같으며 반모음입니다. 'を'는 'お'와 발음은 같으나 '~을(를)'의 목적격 조사로만 쓰인답니다.

わ				を
wa				wo

둘째, 탁음과 반탁음 읽기

1 탁음
탁음이란 청음의 「か、さ、た、は」행의 오른쪽 위에 ゛(탁점)을 붙여 표시하며, 발음할 때 성대를 울려서 소리 내야 합니다.

が행

が	ぎ	ぐ	げ	ご
ga	gi	gu	ge	go

ざ행

ざ	じ	ず	ぜ	ぞ
za	ji	zu	ze	zo

だ행

だ	ぢ	づ	で	ど
da	ji	zu	de	do

ば행

ば	び	ぶ	べ	ぼ
ba	bi	bu	be	bo

2 반탁음
は행의 오른쪽 글자 위에 ゜(반탁음)을 붙여서 표시하며, 영어의 [p]음과 비슷하게 발음합니다.

ぱ행

ぱ	ぴ	ぷ	ぺ	ぽ
pa	pi	pu	pe	po

셋째, 특수음 읽기

1 요음

요음은 각 행의 い단에 반모음인 'や、ゆ、よ'를 작게 붙여서 표시합니다. 발음할 때는 앞과 뒤의 음이 두 음절로 나뉘지 않게 조심해야 합니다.

か행	きゃ kya	きゅ kyu	きょ kyo	が행	ぎゃ gya	ぎゅ gyu	ぎょ gyo
さ행	しゃ sya	しゅ syu	しょ syo	ざ행	じゃ za	じゅ zu	じょ zo
た행	ちゃ cha	ちゅ chu	ちょ cho	だ행	ぢゃ dya	ぢゅ dyu	ぢょ dyo
な행	にゃ nya	にゅ nyu	にょ nyo				
は행	ひゃ hya	ひゅ hyu	ひょ hyo	ば행	びゃ bya	びゅ byu	びょ byo
ぱ행	ぴゃ pya	ぴゅ pyu	ぴょ pyo				
ら행	りゃ rya	りゅ ryu	りょ ryo	ま행	みゃ mya	みゅ myu	みょ myo

2 발음

발음 'ん'은 비음(콧소리)으로, 단독으로 쓰일 수 없고 단어 첫머리에도 올 수 없습니다. 하지만 발음할 때는 독립된 한 박의 길이로 발음해야 하지요. 'ん'은 뒤에 오는 글자에 따라 발음이 달라집니다. 단, 한국어의 받침 'ㄴ'으로 발음하지 않도록 주의해야 한답니다.

① [m]으로 발음하는 경우: 'ば、ぱ、ま'행 음이 뒤에 오는 경우
　　예 さんぽ 산책　こんぶ 다시마　さんま 꽁치

② [n]으로 발음하는 경우: 'さ、ざ、た、だ、な、ら'행 음이, 뒤에 오는 경우
  예) おんせい 음성   はんたい 반대   こんど 이번
③ [ŋ]으로 발음하는 경우: 'か、が'행 음이 뒤에 오는 경우
  예) けんか 싸움   まんが 만화   にほんご 일본어
④ [N]으로 발음하는 경우: 'ん'이 단어의 끝에 오거나 모음, 'は、や、わ'행 음이 뒤에 오는 경우
  예) ほん 책   れんあい 연애   でんわ 전화

3 촉음

촉음은 작은 'っ'를 두 글자 사이에 표기한 음을 말합니다. 단독으로 쓰일 수 없으며 'ん'과 마찬가지로 뒤에 오는 자음에 따라 발음이 달라지지요. 촉음 또한 발음할 때에는 한 박의 길이로 발음해야 합니다.

① か행 앞에서는 [k]로 발음
  예) いっかい 1회   さっか 작가   がっこう 학교
② さ행 앞에서는 [s]로 발음
  예) いっさい 한 살   ざっし 잡지
③ た행 앞에서는 [t]로 발음
  예) みっつ 셋   あさって 모레
④ ぱ행 앞에서는 [p]로 발음
  예) いっぱい 한 잔   きっぷ 차표   いっぽ 한 걸음

4 장음

장음은 길게 발음되는 모음을 말합니다. 일본어는 모음의 장단에 따라 의미가 달라지므로 정확하게 구분해서 발음해야 하지요. 히라가나는 장음 표기를 모음의 문자를 써서 나타내지만, 가타카나의 장음 표기는 'ー'를 써서 나타냅니다.

① あ단 + あ : あ- 길게 끌어 발음한다	⑤ お단 + お / う : お- 길게 끌어 발음한다
② い단 + い : い- 길게 끌어 발음한다	⑥ や + あ : や- 길게 끌어 발음한다
③ う단 + 모음 う : う- 길게 끌어 발음한다	⑦ ゆ + う : ゆ- 길게 끌어 발음한다
④ え단 + え / い : え- 길게 끌어 발음한다	⑧ よ + お : よ- 길게 끌어 발음한다

세상에서 제일 쉬운
일본어책 ♪

CHAPTER 1

Lesson 1 Step 01-10
Lesson 2 Step 11-20
Lesson 3 Step 21-30

Lesson 1

step 01
START

01

あるく

02

すわる

03

まえにたつ

04

うえにたつ

05

ゆかをゆびさす

歩く 걷다　座る 앉다　前に立つ 앞으로 일어나다　上に立つ 위로 일어서다　床を指差す 바닥을 가리키다

오디오 QR 코드
Lesson 1

あたまにさわる

うでをあげる

うでをさげる

はらをかく

ちいさいいすをもちあげる

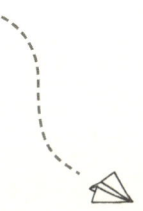

Go on to the next step!!

頭に触る 머리를 만지다　腕を上げる 팔을 들다　腕を下げる 팔을 내리다　腹を掻く 배를 긁다
小さい椅子を持ち上げる 작은 의자를 들어 올리다

step 02
START

01

ドアをあける

02

ドアをしめる

03

キュウリをはこのなかにいれる

04

キュウリをはこからだす

05

こくばんにじぶんのなまえをかく

ドアを開ける 문을 열다　ドアを閉める 문을 닫다　キュウリを箱の中に入れる 오이를 상자 안에 넣다　キュウリを箱から出す 오이를 상자에서 꺼내다　黒板に自分の名前を書く 칠판에 자기 이름을 쓰다

じぶんのなまえをけす

キュウリをテーブルからとる

こくばんにいえをえがく

とまる

しゃがむ

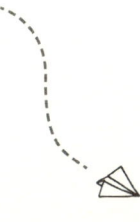

Go on to the next step!!

自分の名前を消す 자기 이름을 지우다　キュウリをテーブルから取る 오이를 테이블에서 집어 들다
黒板に家を描く 칠판에 집을 그리다　止る 멈추다　しゃがむ 쪼그리고 앉다

step 03 START

①

あかりをけす

②

あかりをつける

③

ゆかにひざまずく

④

キュウリをゴミばこのなかにいれる

⑤

いすにさわる

明(あか)りを消(け)す 전등을 끄다　明(あ)りをつける 전등을 켜다　床(ゆか)に跪(ひざまず)く 바닥에 무릎을 꿇다　キュウリをゴミ箱(ばこ)の中(なか)に入(い)れる 오이를 휴지통 안에 넣다　椅子(いす)に触(さわ)る 의자를 만지다

テーブルをもちあげる

いえのなかにはいる

いえのそとにでる

あたまをテーブルにつける

あたまでたつ

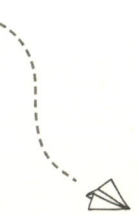
Go on to the next step!!

テーブルを持ち上げる 테이블을 들어 올리다　家の中に入る 집 안으로 들어가다　家の外に出る 집 밖으로 나가다　頭をテーブルにつける 머리를 테이블에 대다　頭で立つ 머리로 서다

step 04 START

01

かみをきる

02

りょううでをあげる

03

ぼうしをかぶる

04

ぼうしをとる

05

にかいジャンプする

紙を切る 종이를 자르다　両腕を上げる 두 팔을 올리다　帽子を被る 모자를 쓰다　帽子を取る 모자를 벗다　二回ジャンプする 두 번 점프하다

まわる

 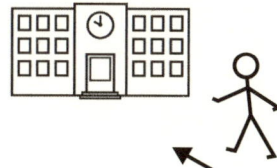

がっこうにいく

テーブルのしたにはいる

じぶんのいすにもどる

ゆびでかずをかぞえる

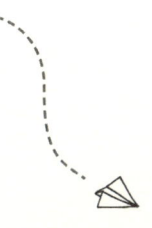

Go on to the next step!!

まわ
回る 돌다　がっこう　い
学校に行く 학교에 가다　した　はい
テーブルの下に入る 테이블 밑으로 들어가다　じぶん　いす
自分の椅子に
もど
戻る 자기 의자로 돌아가다　ゆび　かず　かぞ
指で数を数える 손가락으로 수를 세다

step 05
START

01

ローラとおどる

02

みみをかく

03

テーブルをおす

04

アイスクリームをたべる

05

みずをのむ

ローラと踊る Lola와 춤을 추다　耳を掻く 귀를 긁다　テーブルを押す 테이블을 밀다　アイスクリームを食べる 아이스크림을 먹다　水を飲む 물을 마시다

06

くつにさわる

07

まどをふく

08

あかりをゆびさす

09

テーブルのうえにはこをおく

10
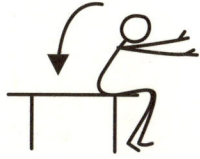
テーブルのうえにすわる

Go on to the next step!!

靴に触る 신발을 만지다　窓を拭く 창문을 닦다　明かりを指差す 전등을 가리키다　テーブルの上に箱を置く 테이블 위에 상자를 두다　テーブルの上に座る 테이블 위에 앉다

step 06
START

01

もっとおおきいこえでうたう

02

うたをくちぶえでふく

03

せんせいにはくしゅする

04

ゆかからキュウリをひろう

05

メアリー、アンディにキスする

もっと大きい声で歌う 더 큰 소리로 노래하다　歌を口笛で吹く 휘파람으로 노래를 부르다　先生に拍手する 선생님에게 박수치다　床からキュウリを拾う 바닥에서 오이를 줍다　メアリー、アンディにキスする Mary, Andy에게 키스하다

ジョンのあたまをたたく

ジムのうでをつかむ

ゆかにとびおりる

はしごからおりる

はやくかいだんをのぼる

Go on to
the next step!!

ジョンの頭を叩く John의 머리를 때리다　ジムの腕を掴む Jim의 팔을 잡다　床に飛び降りる 바닥으로 뛰어내리다　はしごから降りる 사다리에서 내려오다　速く階段を上る 빨리 계단을 올라가다

step 07
START

01

ゆびをうごかす

02

きょうじゅにけいれいする

03

いえにはしっていく

04

ケントとあくしゅする

05

じぶんのなまえをにどさけぶ

指を動かす 손가락을 움직이다　教授に敬礼する 교수님께 경례하다　家に走って行く 집으로 뛰어가다
ケントと握手する Kent와 악수하다　自分の名前を二度叫ぶ 자기 이름을 두 번 외치다

キュウリをくれる

ジェフ、クリスティンを
だきしめる

ロジータのかみをひっぱる

タンクをみたす

うでをこうささせる

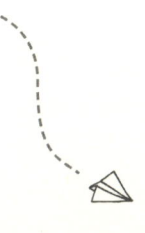

Go on to
the next step!!

キュウリをくれる 오이를 주다　ジェフ、クリスティンを抱きしめる Jeff, Christine을 껴안다
ロジータの髪を引っ張る Rosita의 머리를 잡아당기다　タンクを満たす 기름을 채우다　腕を交差させる 팔을 교차시키다

step 08
START

01

りょううでをひろげる

02

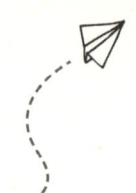

ゆっくりあくびをする

03

したをだす

04

ゆかをはく

05

えいごのほんをよむ

両腕を広げる 양팔을 펴다　ゆっくりあくびをする 천천히 하품하다　舌を出す 혀를 내밀다　床を掃く 바닥을 쓸다　英語の本を読む 영어책을 읽다

06
はやくあるく

07
じぶんのベッドによこたわる

08
ゆかでねる

09
てをあらう

10
はこのうしろにかくれる

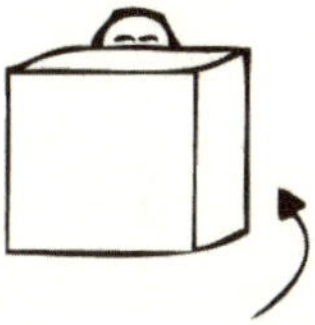

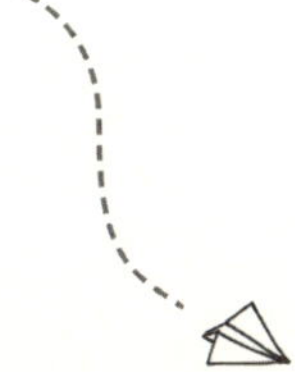

Go on to the next step!!

速く歩く 빨리 걷다　自分のベッドに横たわる 자기 침대에 눕다　床で寝る 바닥에서 자다　手を洗う 손을 씻다　箱の後ろに隠れる 상자 뒤에 숨다

step 09
START

01

いすのうえにたつ

02

あしをバスケットのなかにいれる

03

スティーブをつれていく

04

しゃしんをみせる

05

ろうそくにひをつける

椅子の上に立つ 의자 위에 올라서다　足をバスケットの中に入れる 발을 바구니 안에 넣다　スティーブを連れて行く Steve를 데려가다　写真を見せる 사진을 보여 주다　ろうそくに火をつける 초에 불을 붙이다

06  ふうせんをふくらませる	07  いぬをテーブルにつなぐ
08  ロールペーパーをにぎりつぶす	09  かみをまく

10

かみをひろげる

Go on to the next step!!

風船を膨らませる 풍선을 불다　犬をテーブルに繋ぐ 개를 테이블에 묶다　ロールペーパーを握りつぶす 종이 뭉치를 움켜쥐다　紙を巻く 종이를 말다　紙を広げる 종이를 풀다

step 10
START

01

テーブルのうえのバスケットを
からにする

02

ちちおやにでんわをする

03

かみをとかす

04

ひだりめでウインクをする

05

キュウリのにおいをかぐ

テーブルの上のバスケットを空にする 테이블 위의 바구니를 비우다　父親に電話をする 아버지에게 전화하다　髪をとかす 머리를 빗다　左目でウインクをする 왼쪽 눈으로 윙크를 하다　キュウリの臭いを嗅ぐ 오이 냄새를 맡다

ちいさいはこをとじる

コップにみずをそそぐ

はやくひげをそる

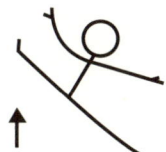

あしをあげる

おんなをたかくもちあげる

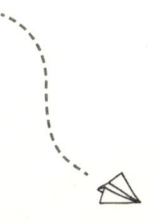

Go on to the next Lesson!!

小さい箱を閉じる 작은 상자를 닫다　コップに水を注ぐ 컵에 물을 붓다　速く髭を剃る 빨리 면도하다　脚を上げる 다리를 들다　女を高く持ち上げる 여자를 높이 들어 올리다

Lesson 2

step 11
START

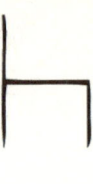

01 いす

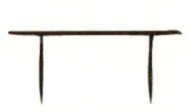

02 テーブル

03 はこ

04 ぼうし

05 ドア

椅子(いす) 의자 テーブル 테이블 箱(はこ) 상자 帽子(ぼうし) 모자 ドア 문

오디오 QR 코드
Lesson 2

06 
まど

07 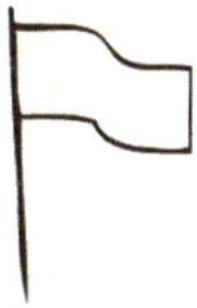
はた

08 
あかり

09 
とけい

10 
バスケット

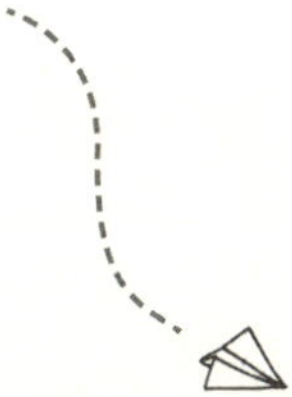

Go on to the next step!!

まど　はた　あか　とけい
窓 창문　旗 깃발　明り 전등　時計 시계　バスケット 바구니

step 12
START

01

アイスクリーム

02

バナナ

03

いちご

04

オレンジ

05

キュウリ

アイスクリーム 아이스크림 バナナ 바나나 いちご 딸기 オレンジ 오렌지 キュウリ 오이

06 パイナップル

07 ぶどう

08 りんご

09 なし

10 たまご

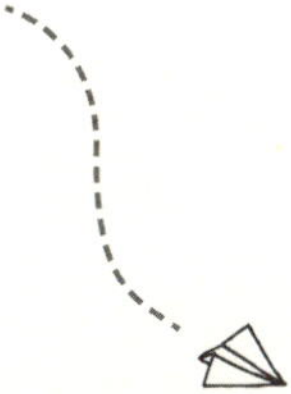

Go on to the next step!!

パイナップル 파인애플　葡萄(ぶどう) 포도　りんご 사과　梨(なし) 배　卵(たまご) 달걀

step 13
START

01

いえ

02

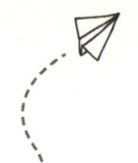

がっこう

03

きょうかい

04

レストラン

05

びょういん

家 집　学校 학교　教会 교회　レストラン 레스토랑　病院 병원

06
ぎんこう

07
バー

08
としょかん

09
みせ

10
えいがかん

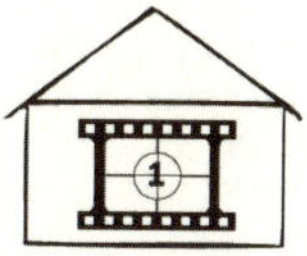

Go on to the next step!!

ぎんこう 銀行 은행　バー 바　としょかん 図書館 도서관　みせ 店 가게　えいがかん 映画館 영화관

step 14
START

①

くも

②

へび

③

ねこ

④

いぬ

⑤

て

くも 거미　蛇 뱀 へび　猫 고양이 ねこ　犬 개 いぬ　手 손 て

06
ゆび

07
つめ

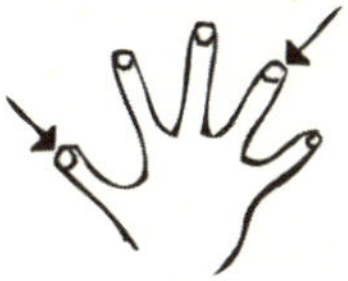

08
め

09
くち

10
はな

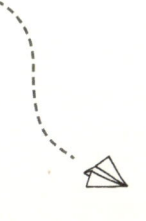
Go on to the next step!!

ゆび	つめ	め	くち	はな
指 손가락	爪 손톱	目 눈	口 입	鼻 코

step 15
START

01

はら

02

みみ

03

あし

04

あたま

05

うで

はら　みみ　あし　あたま　うで
腹 배　耳 귀　足 발　頭 머리　腕 팔

06
あし

07
かお

08
かみ

09
せなか

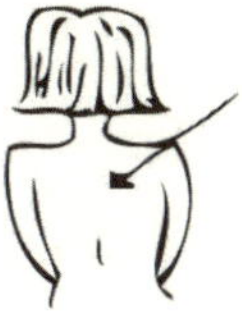

10
イヤリング

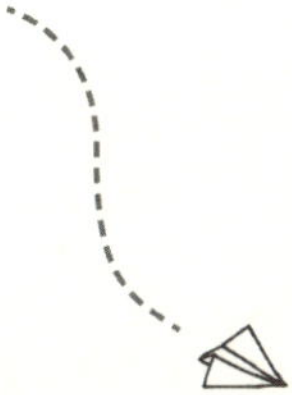

Go on to the next step!!

脚 다리　顔 얼굴　髪 머리카락　背中 등　イヤリング 귀고리

step 16
START

(01)

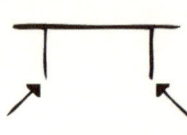

テーブルのあし

(02)

ちいさいいす

(03)

ちいさいテーブル

(04)

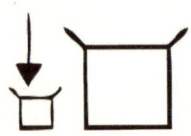

ちいさいはこ

(05)

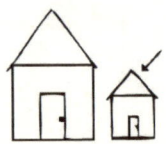

ちいさいいえ

テーブルの脚 테이블의 다리　小さい椅子 작은 의자　小さいテーブル 작은 테이블　小さい箱 작은 상자　小さい家 작은 집

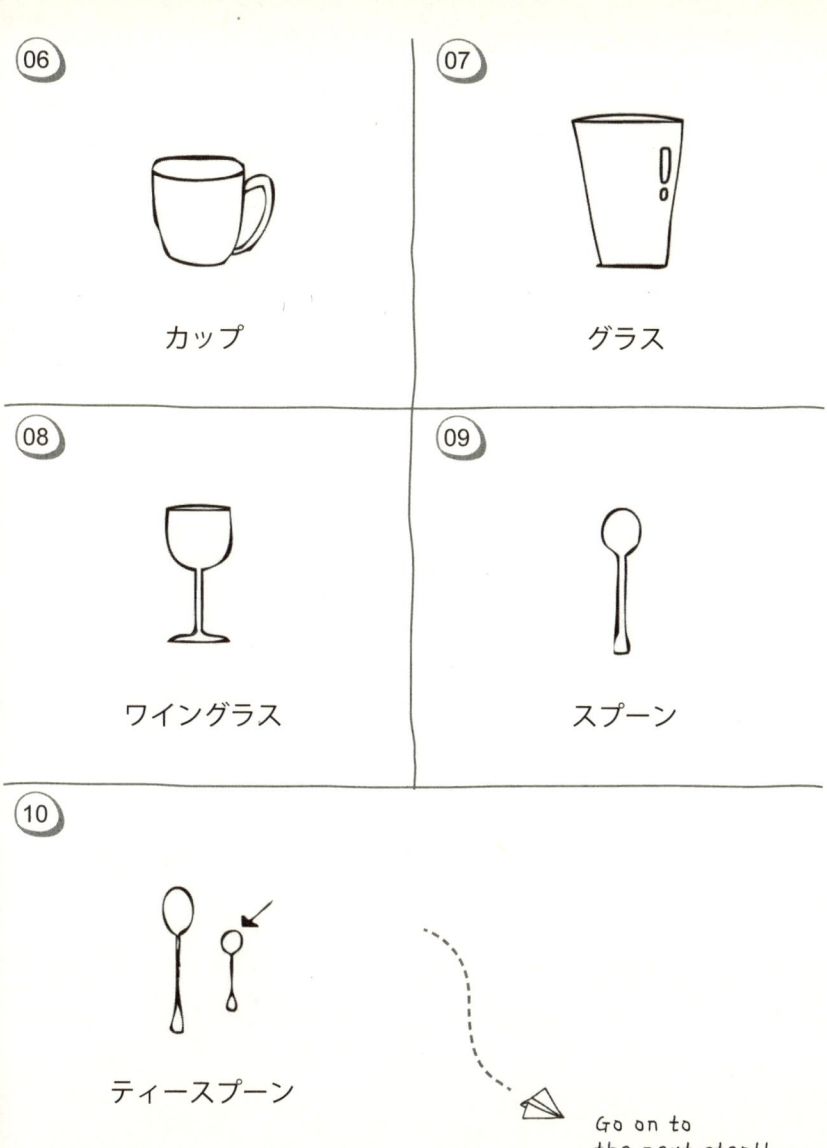

カップ 컵 グラス 유리잔 ワイングラス 와인글라스 スプーン 스푼 ティースプーン 티스푼

step 17
START

①

ナイフ

②

フォーク

③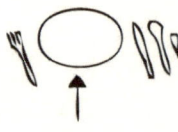

さら

④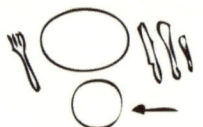

とりざら

⑤

ナプキン

ナイフ 나이프 フォーク 포크 皿(さら) 접시 取(と)り皿(ざら) 앞접시 ナプキン 냅킨

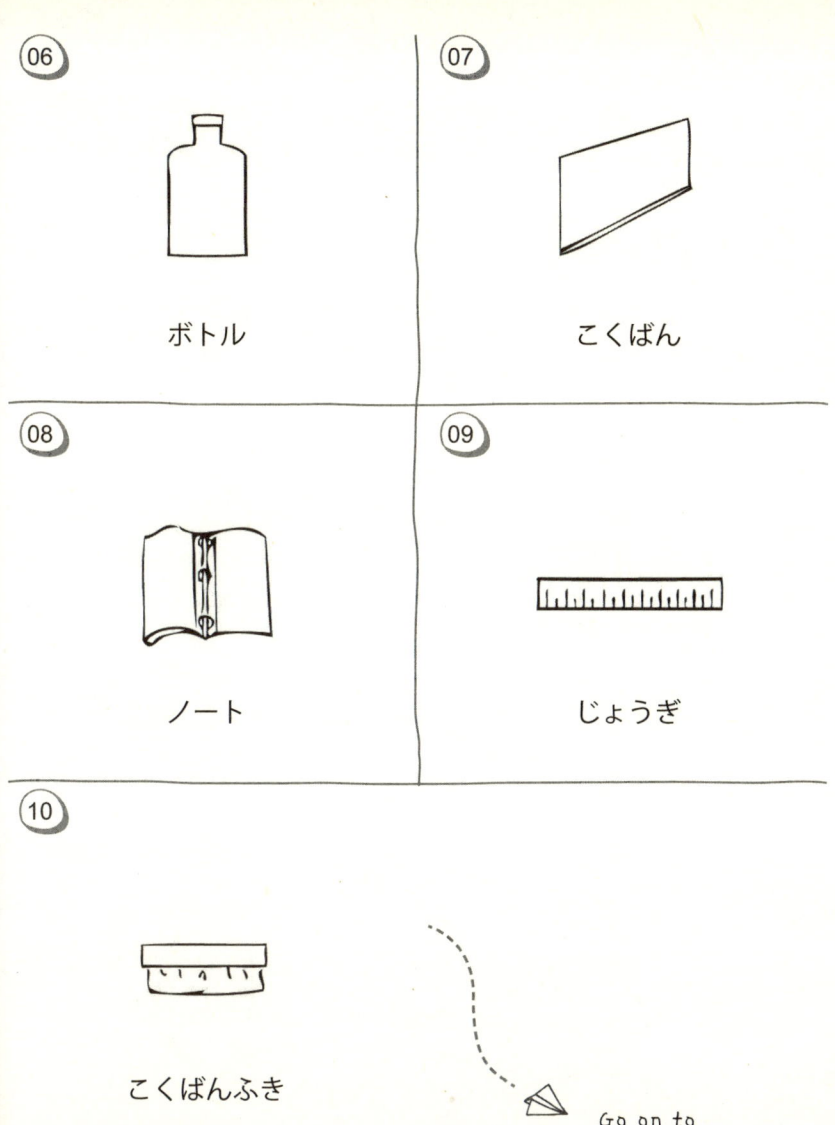

06 ボトル
07 こくばん
08 ノート
09 じょうぎ
10 こくばんふき

Go on to the next step!!

ボトル 유리병　黒板(こくばん) 칠판　ノート 노트　じょうぎ 자　黒板ふき(こくばん) 칠판지우개

step 18
START

01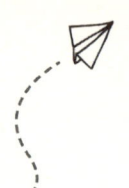
ほん

02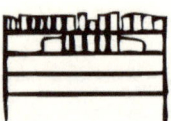
ほんだな

03
えんぴつ

04
ペン

05
がくせいのつくえ

ほん　ほんだな　えんぴつ
本 책　本棚 책장　鉛筆 연필　ペン 펜　学生の机 학생 책상

新聞 신문 鏡 거울 眼鏡 안경 ランプ 램프 ベッド 침대

step 19
START

01

やきゅうぼう

02

かさ

03

ハンドバッグ

04

ブラウス

05

スカート

野球帽 야구 모자　**傘** 우산　**ハンドバッグ** 핸드백　**ブラウス** 블라우스　**スカート** 스커트

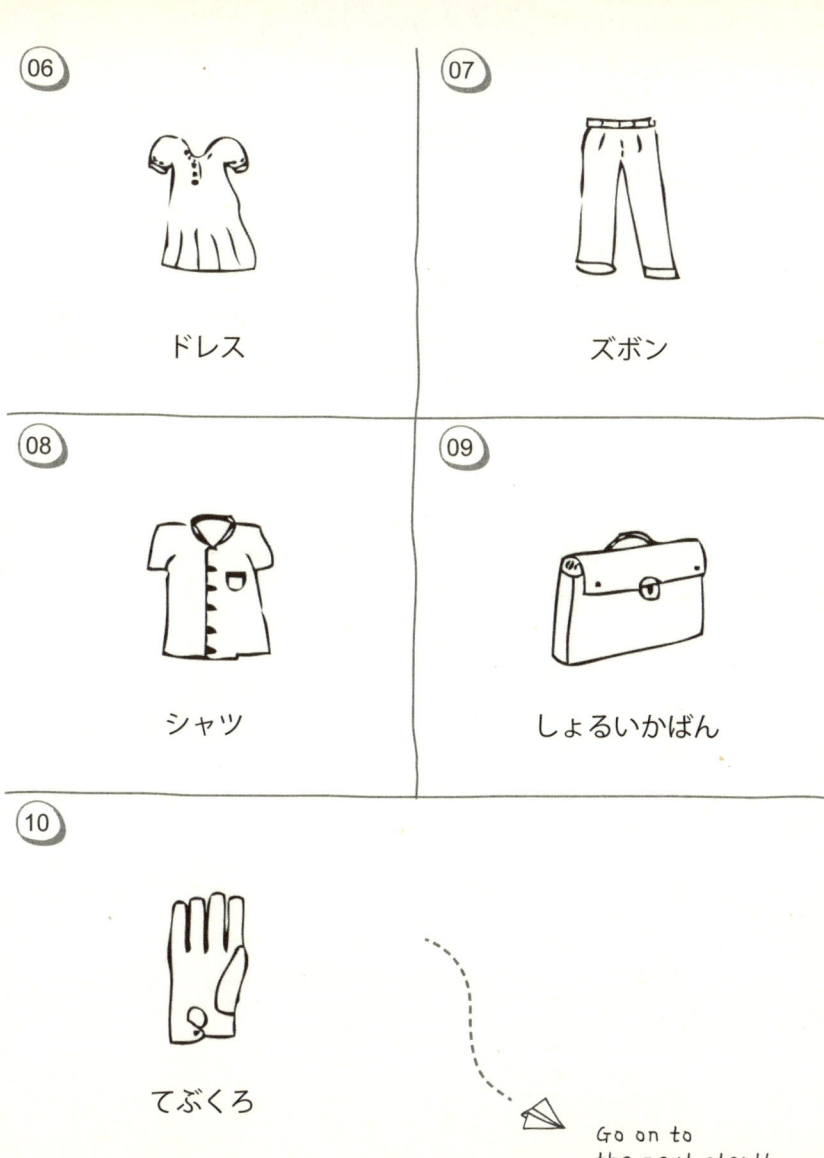

ドレス 드레스 ズボン 바지 シャツ 셔츠 書類鞄(しょるいかばん) 서류 가방 手袋(てぶくろ) 장갑

step 20
START

01
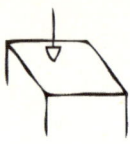

テーブルのうえ

02

テーブルのした

03
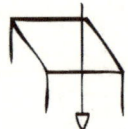

テーブルのまえ

04
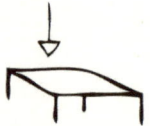

テーブルのうしろ

05
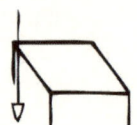

テーブルのひだりがわ

テーブルの上 테이블 위 テーブルの下 테이블 아래 テーブルの前 테이블 앞 テーブルの後ろ 테이블 뒤 テーブルの左側 테이블의 왼편

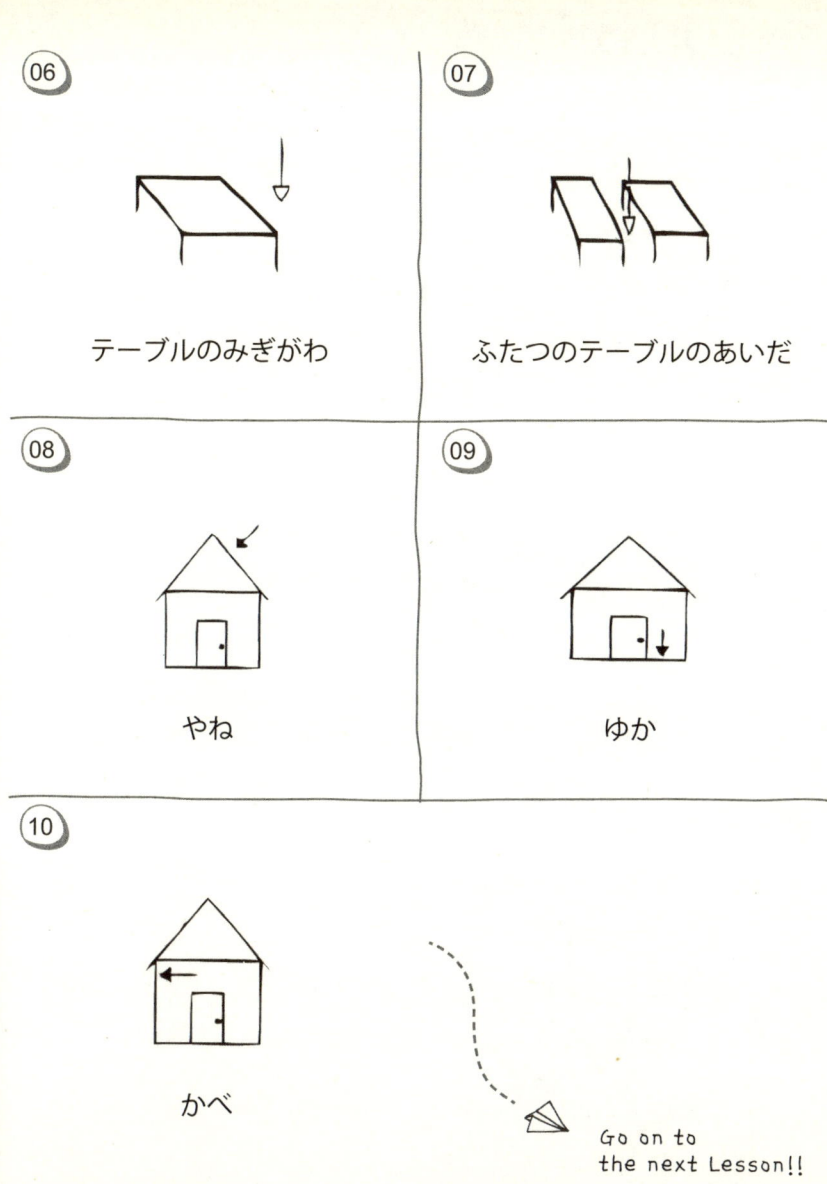

テーブルの右側 테이블의 오른편　二つのテーブルの間 두 테이블 사이　屋根 지붕　床 바닥
壁 벽

Lesson 3

step 21
START

01

じょしトイレ

02

だんしトイレ

03

ほし

04

せいほうけい

05

さんかくけい

女子トイレ (じょし) 여자 화장실   **男子トイレ** (だんし) 남자 화장실   **星** (ほし) 별   **正方形** (せいほうけい) 정사각형   **三角形** (さんかくけい) 삼각형

오디오 QR 코드
Lesson 3

06

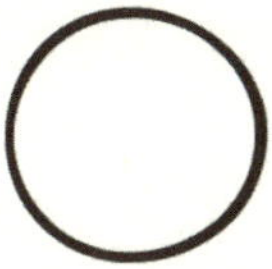

まる

07

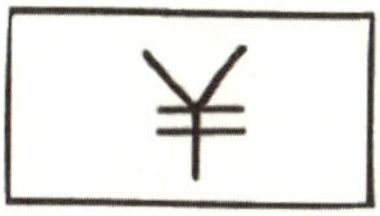

おかね

08

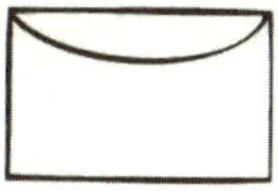

ふうとう

09

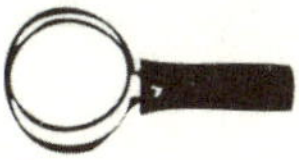

むしめがね

10

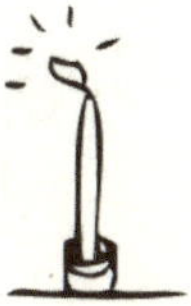

ろうそく

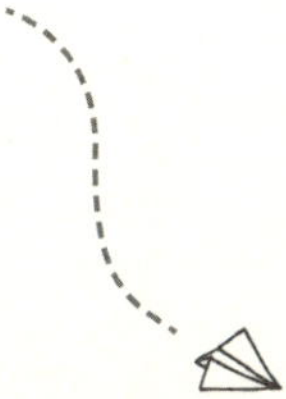

Go on to
the next step!!

円(まる) 동그라미　お金(かね) 돈　封筒(ふうとう) 봉투　虫眼鏡(むしめがね) 돋보기　ろうそく 양초

step 22
START

01

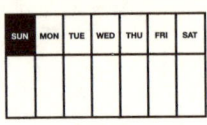

にちようび

02

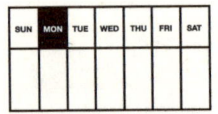

げつようび

03

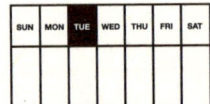

かようび

04

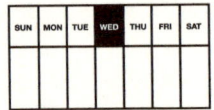

すいようび

05

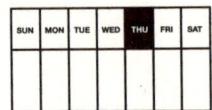

もくようび

にちようび　　げつようび　　かようび　　すいようび　　もくようび
日曜日 일요일　月曜日 월요일　火曜日 화요일　水曜日 수요일　木曜日 목요일

06

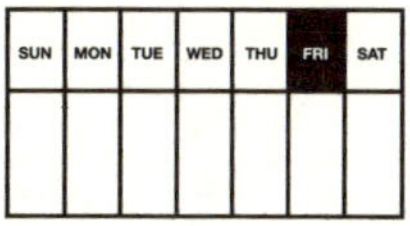

きんようび

07

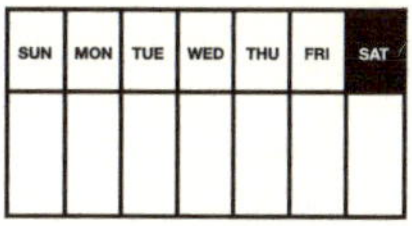

どようび

08

じどうしゃ

09

ひこうき

10

テレビ

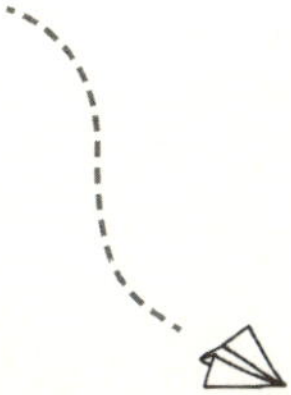

Go on to the next step!!

きんようび	どようび	じどうしゃ	ひこうき	テレビ
金曜日 금요일	土曜日 토요일	自動車 자동차	飛行機 비행기	텔레비전

step 23
START

① **1**
いち

② **2**
に

③ **3**
さん

④ **4**
し・よん

⑤ **5**
ご

一 いち 일　二 に 이　三 さん 삼　四 し・よん 사　五 ご 오

06
6
ろく

07
7
しち・なな

08
8
はち

09
9
きゅう・く

10
10
じゅう

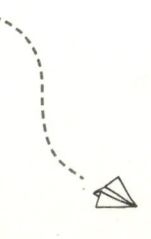
Go on to
the next step!!

ろく	しち・なな	はち	きゅう・く	じゅう
六 육	七 칠	八 팔	九 구	十 십

step 24
START

01

おっと

02

つま

03

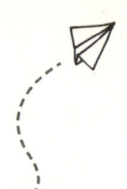

むすこ

04

はは

05

むすめ

おっと　つま　むすこ　はは　むすめ
夫 남편　妻 아내　息子 아들　母 어머니　娘 딸

06
ちち

07
りょうしん

08
こども

09
おじいさん

10
おばあさん

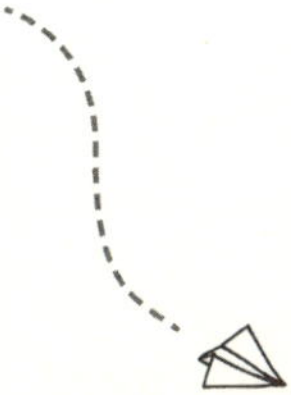

Go on to the next step!!

父 아버지　両親 부모　子供 자녀　おじいさん 할아버지　おばあさん 할머니

step 25
START

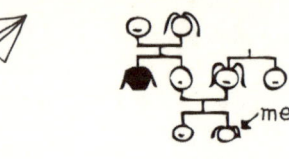

01

おば

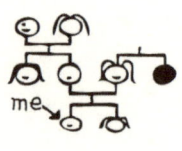

02

おじ

03

まごむすめ

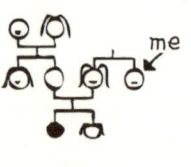

04

おい

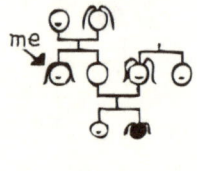

05

めい

おば 고모 おじ 외삼촌 孫娘(まごむすめ) 손녀 甥(おい) 남자 조카 姪(めい) 여자 조카

06
そふぼ

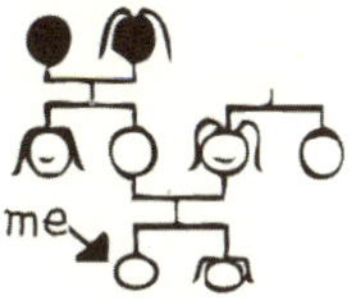

07
おばとおじ

08
しまい

09
きょうだい

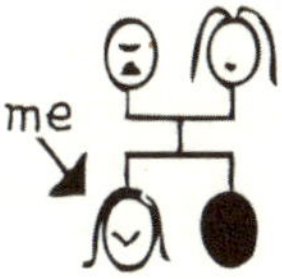

10
まご

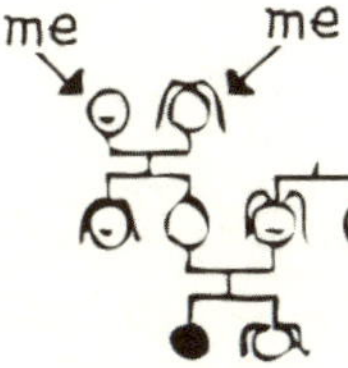

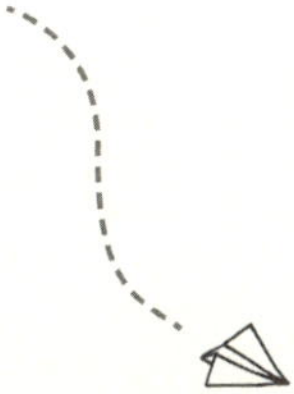

Go on to the next step!!

祖父母 조부모　おばとおじ 고모와 외삼촌　姉妹 자매　兄弟 형제　孫 손자

step 26
START

01

ぎりのちち

02
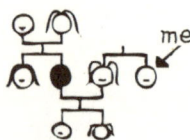
ぎりのきょうだい

03
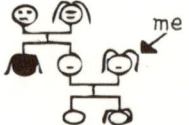
ぎりのしまい

04
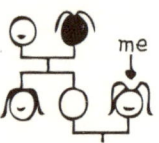
ぎりのはは

05

いとこ

義理の父 시아버지 義理の兄弟 여자 형제의 남편(매형・매제) 義理の姉妹 배우자의 여자 형제 義理の母 시어머니 いとこ 사촌

06
いとこ

07
はいぐうしゃ

08
きょうだいとしまい

09
いとこたち

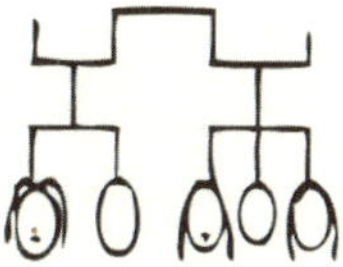

10
ぎりのりょうしん

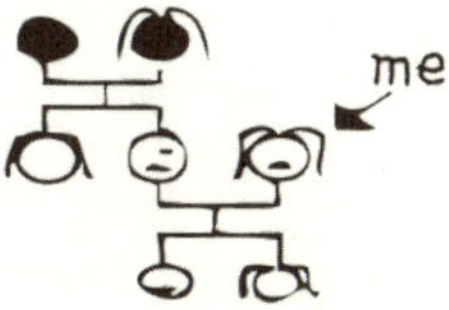

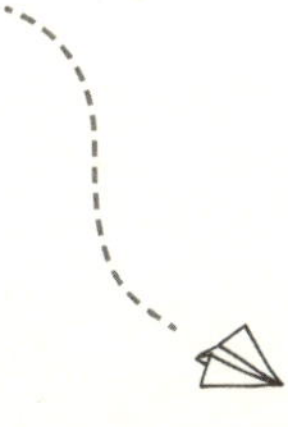

Go on to the next step!!

いとこ 사촌　配偶者(はいぐうしゃ) 배우자　兄弟(きょうだい)と姉妹(しまい) 형제와 자매　いとこたち 사촌들　義理(ぎり)の両親(りょうしん) 시부모

step 27
START

① **11**
じゅういち

② **12**
じゅうに

③ **13**
じゅうさん

④ **14**
じゅうよん・じゅうし

⑤ **15**
じゅうご

じゅういち	じゅうに	じゅうさん	じゅうよん・じゅうし	じゅうご
十一 십일	十二 십이	十三 십삼	十四 십사	十五 십오

06
16

じゅうろく

07
17

じゅうしち・じゅうなな

08
18

じゅうはち

09
19

じゅうきゅう・じゅうく

10
20

にじゅう

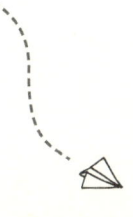

Go on to the next step!!

じゅうろく	じゅうしち・じゅうなな	じゅうはち	じゅうきゅう・じゅうく	にじゅう
十六 십육	十七 십칠	十八 십팔	十九 십구	二十 이십

step 28 START

30
さんじゅう

40
よんじゅう

50
ごじゅう

60
ろくじゅう

70
ななじゅう

さんじゅう	よんじゅう	ごじゅう	ろくじゅう	ななじゅう
三十 삼십	四十 사십	五十 오십	六十 육십	七十 칠십

06
80

はちじゅう

07
90

きゅうじゅう

08
100

ひゃく

09

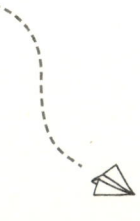

くし

10

つくえ

Go on to the next step!!

はちじゅう　きゅうじゅう　ひゃく　　　つくえ
八十 팔십　九十 구십　百 백　くし 빗　机 책상

step 29
START

01

しょうぞうが

02

しゃしん

03

え

04

ちょう

05

りす

肖像画 초상화　**写真** 사진　**絵** 그림　**蝶** 나비　**りす** 다람쥐

06　とり

07　うま

08　かえる

09　うさぎ

10　さかな

Go on to the next step!!

とり うま かえる うさぎ さかな
鳥 새　馬 말　蛙 개구리　兎 토끼　魚 물고기

step 30
START

01

ゴミばこ

02

くずかご

03

はしご

04

ほうき

05

かいちゅうでんとう

ゴミ箱(ばこ) 쓰레기통 くずかご 휴지통 はしご 사다리 ほうき 빗자루 懐中電灯(かいちゅうでんとう) 손전등

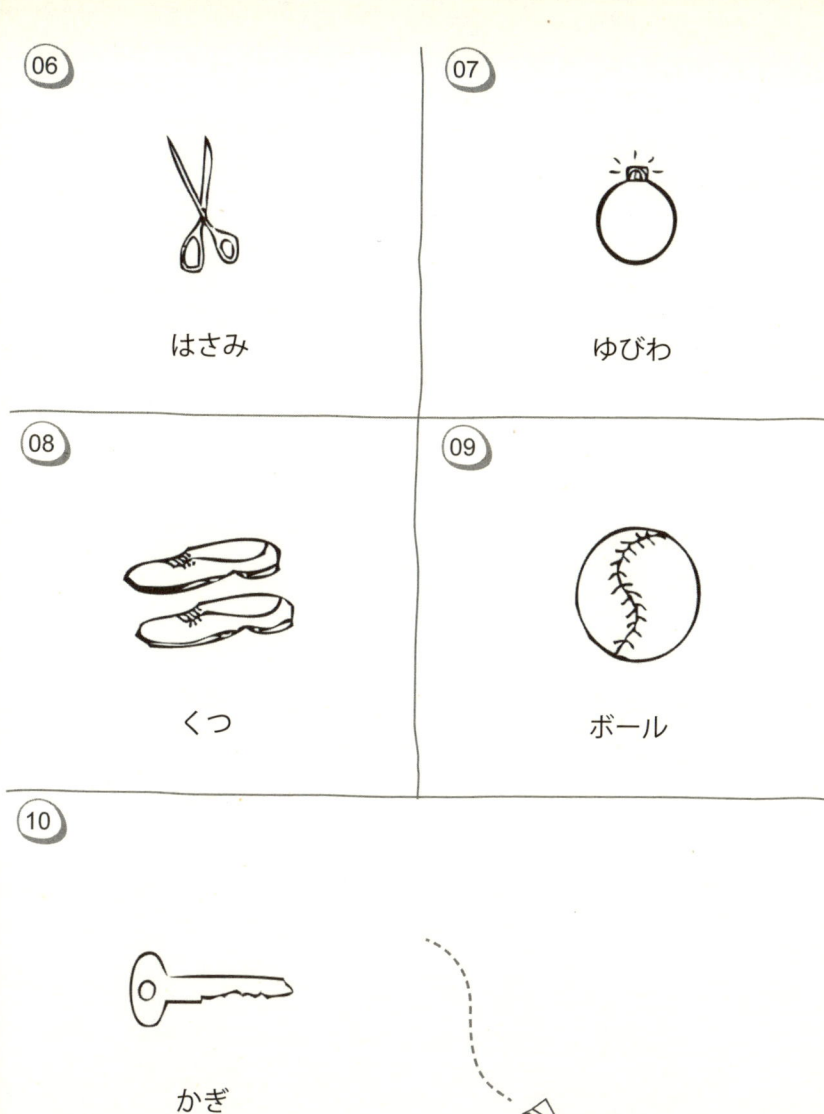

はさみ 가위　指輪(ゆびわ) 반지　靴(くつ) 신발　ボール 공　鍵(かぎ) 열쇠

세상에서 제일 쉬운
일본어책 ♪

CHAPTER 2

Lesson 4   Step 01-10
Lesson 5   Step 11-20
Lesson 6   Step 21-30
Lesson 7   Step 31-40
Lesson 8   Step 41-50
Lesson 9   Step 51-60

Lesson 4

step 01
START

(01)  こくばんにいえをえがく	(02)  キュウリのにおいをかぐ
(03)  あるく	(04)  いえにはしっていく
(05)  はこからキュウリをだす	(06)  あたまにさわる

黒板に家を描く 칠판에 집을 그리다　キュウリの臭いを嗅ぐ 오이 냄새를 맡다　歩く 걷다　家に走って行く 집으로 뛰어가다　箱からキュウリを出す 상자에서 오이를 꺼내다　頭に触る 머리를 만지다

오디오 QR 코드
Lesson 4

キュウリをバスケットのなかに
いれる

あかりをけす

うでをあげる

ローラとおどる

まえにたつ

テーブルのうえにすわる

Go on to the next step!!

キュウリをバスケットの中に入れる 오이를 바구니 안에 넣다　明りを消す 전등을 끄다　腕を上げる 팔을 들다　ローラと踊る Lola와 춤을 추다　前に立つ 앞으로 일어나다　テーブルの上に座る 테이블 위에 앉다

step 02
START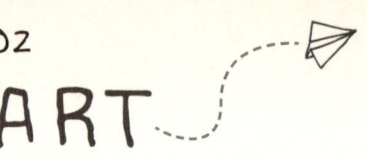

(01)  テーブル	(02)  ぶどう
(03)  ペン	(04) **9** きゅう・く
(05)  はこ	(06)  りんご

テーブル 테이블 葡萄(ぶどう) 포도 ペン 펜 九(きゅう・く) 구 箱(はこ) 상자 りんご 사과

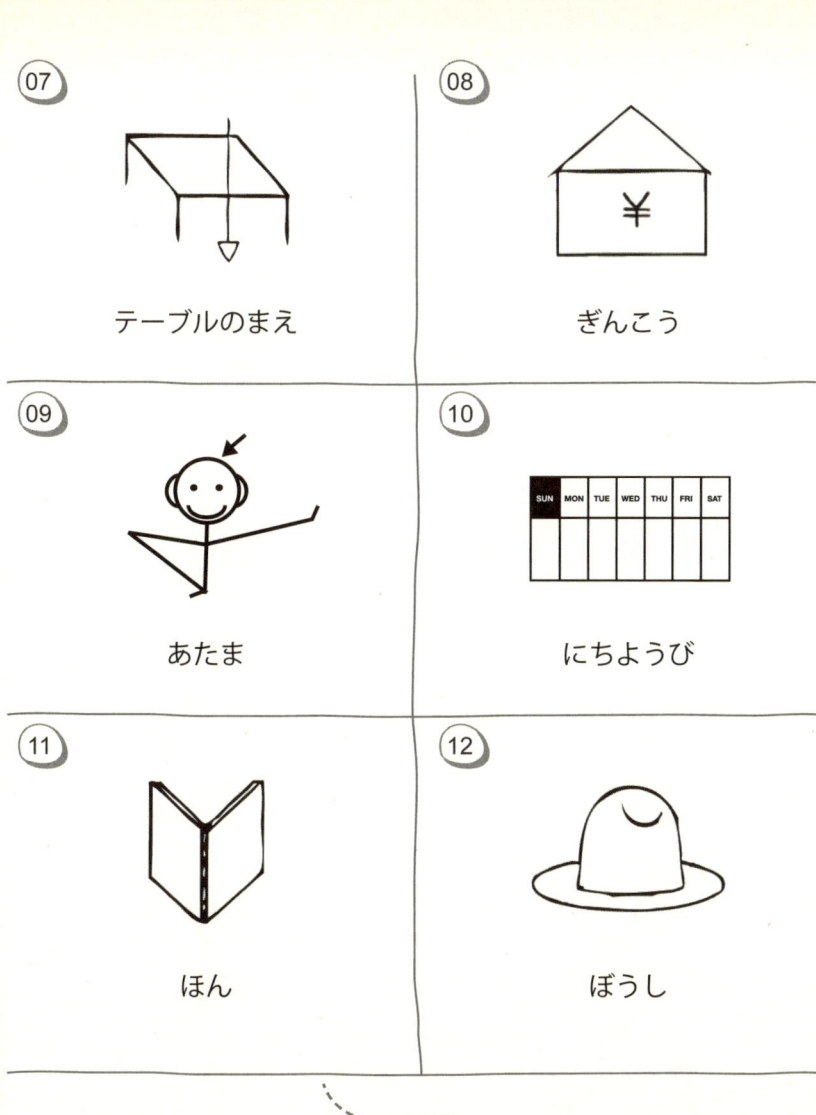

step 03
START

01  てをあげる	02  キュウリをバスケットのなかにいれる
03  まわる	04  あかりをゆびさす
05  ジェフ、クリスティンをだきしめる	06  にかいジャンプする

手を上げる 손을 들다　キュウリをバスケットの中に入れる 오이를 바구니 안에 넣다　回る 돌다
明りを指差す 전등을 가리키다　ジェフ、クリスティンを抱きしめる Jeff, Christine을 껴안다　二回
ジャンプする 두 번 점프하다

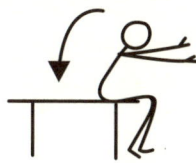
テーブルのうえにすわる

ゆかをゆびさす

ジョンのあたまをたたく

テーブルをもちあげる

テーブルをおす

テーブルのうえにはこをおく

Go on to the next step!!

テーブルの上に座る 테이블 위에 앉다　床を指差す 바닥을 가리키다　ジョンの頭を叩く John의 머리를 때리다　テーブルを持ち上げる 테이블을 들어 올리다　テーブルを押す 테이블을 밀다　テーブルの上に箱を置く 테이블 위에 상자를 두다

step 04

START

01

9

きゅう・く

02

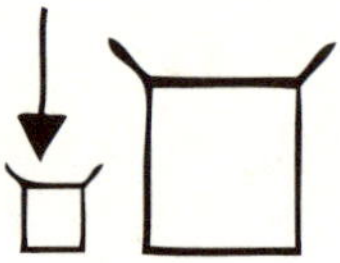

ちいさいはこ

03

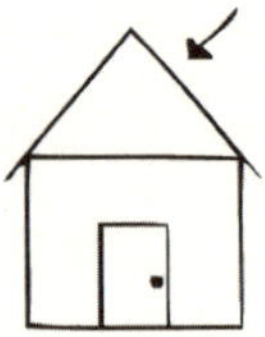

やね

04

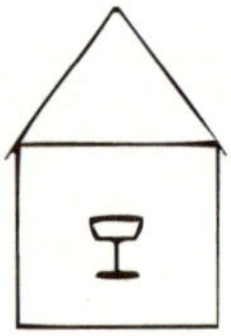

バー

05

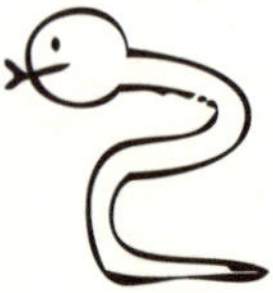

へび

06

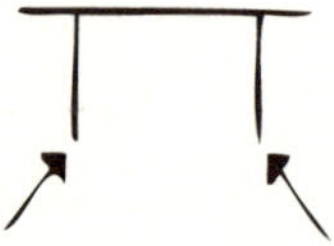

テーブルのあし

九(きゅう·く) 구　小(ちい)さい箱(はこ) 작은 상자　屋根(やね) 지붕　バー 바　蛇(へび) 뱀　テーブルの脚(あし) 테이블의 다리

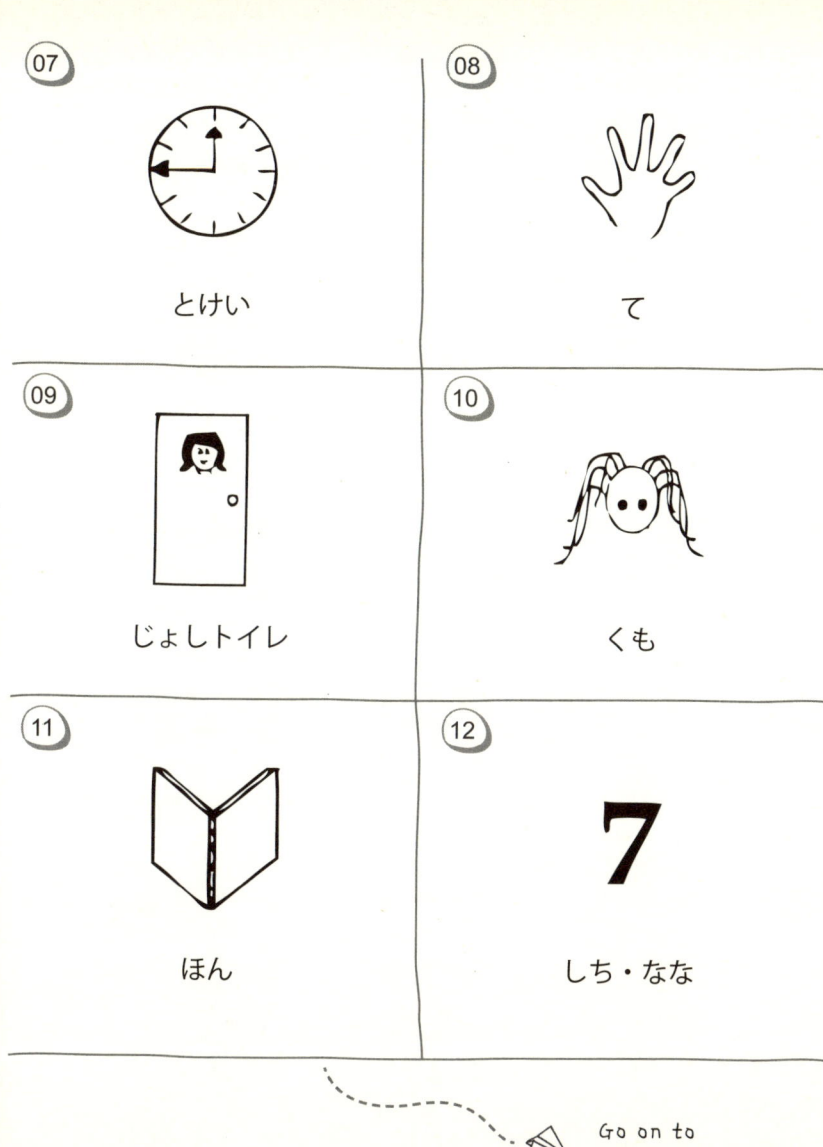

07 とけい	08 て
09 じょしトイレ	10 くも
11 ほん	12 しち・なな

Go on to the next step!!

時計 시계 手 손 女子トイレ 여자 화장실 くも 거미 本 책 七 칠

step 05
START

ゆびをうごかす

すわる

とまる

ゆかにひざまずく

みみをかく

じぶんのなまえをけす

指を動かす 손가락을 움직이다　座る 앉다　止る 멈추다　床に跪く 바닥에 무릎을 꿇다　耳を搔く 귀를 긁다　自分の名前を消す 자기 이름을 지우다

07 じぶんのいすにもどる

08 ドアをあける

09 テーブルのしたにはいる

10 キュウリをテーブルからとる

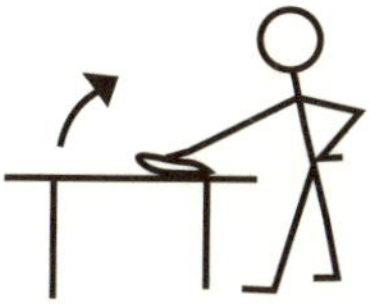

11 あかりをけす

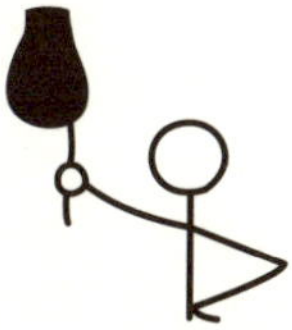

12 あたまをテーブルにつける

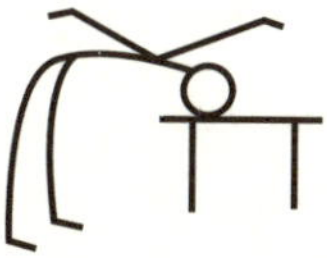

Go on to the next step!!

自分の椅子に戻る 자기 의자로 돌아가다　ドアを開ける 문을 열다　テーブルの下に入る 테이블 밑으로 들어가다　キュウリをテーブルから取る 오이를 테이블에서 집어 들다　明りを消す 전등을 끄다　頭をテーブルにつける 머리를 테이블에 대다

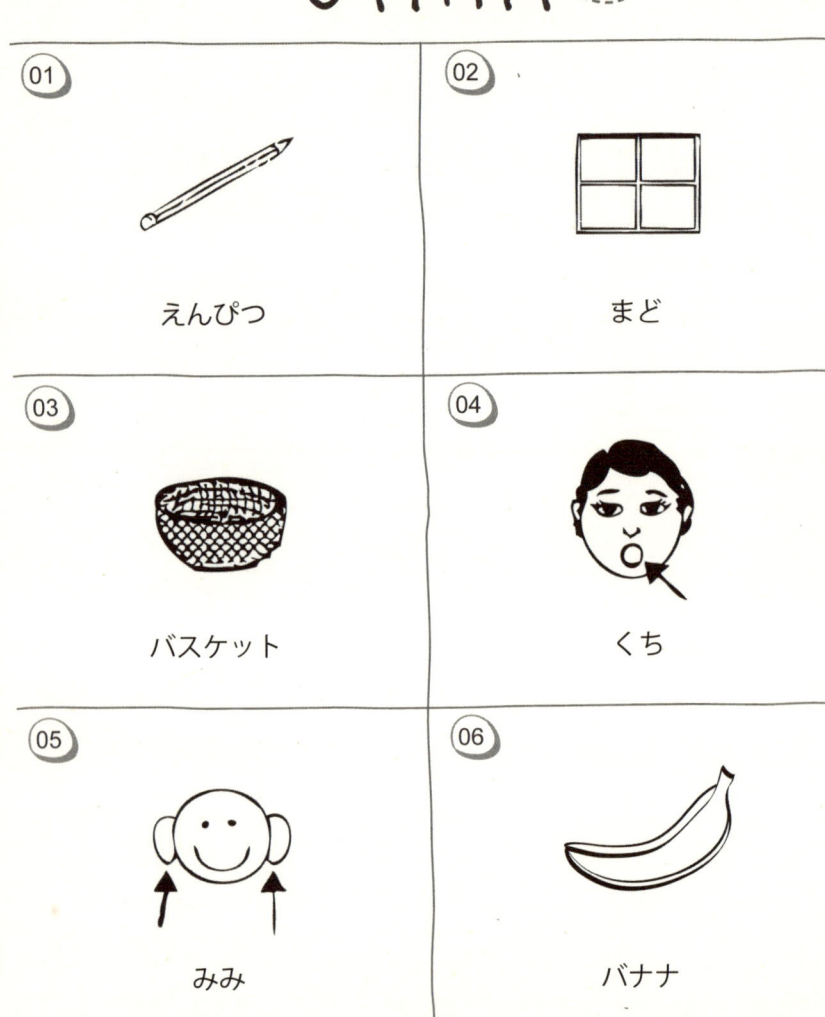

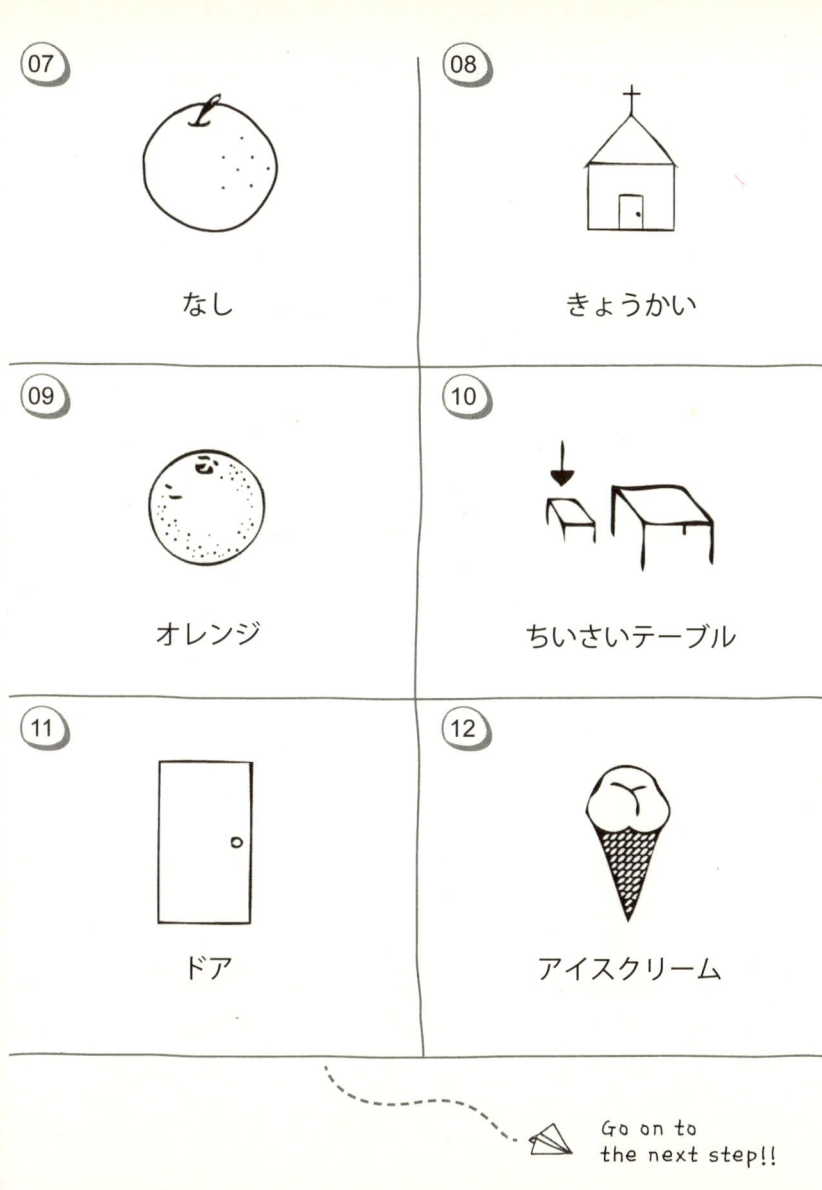

step 07
START

01  テーブルのうえにはこをおく	02  がっこうにいく
03  まわる	04  ゆびでかずをかぞえる
05  ゆびをうごかす	06  しゃがむ

テーブルの上に箱を置く 테이블 위에 상자를 두다　学校に行く 학교에 가다　回る 돌다　指で数を数える 손가락으로 수를 세다　指を動かす 손가락을 움직이다　しゃがむ 쪼그리고 앉다

キュウリをテーブルからとる

じぶんのいすにもどる

こくばんにいえをえがく

テーブルのうえにすわる

ゆかをゆびさす

ゆかにとびおりる

Go on to the next step!!

キュウリをテーブルから取る 오이를 테이블에서 집어 들다　自分の椅子に戻る 자기 의자로 돌아가다　黒板に家を描く 칠판에 집을 그리다　テーブルの上に座る 테이블 위에 앉다　床を指差す 바닥을 가리키다　床に飛び降りる 바닥으로 뛰어내리다

step 08 START

01 はち	02 しんぶん
03 はこ	04 あし
05 えんぴつ	06 て

はち 八 팔　しんぶん 新聞 신문　はこ 箱 상자　あし 足 발　えんぴつ 鉛筆 연필　て 手 손

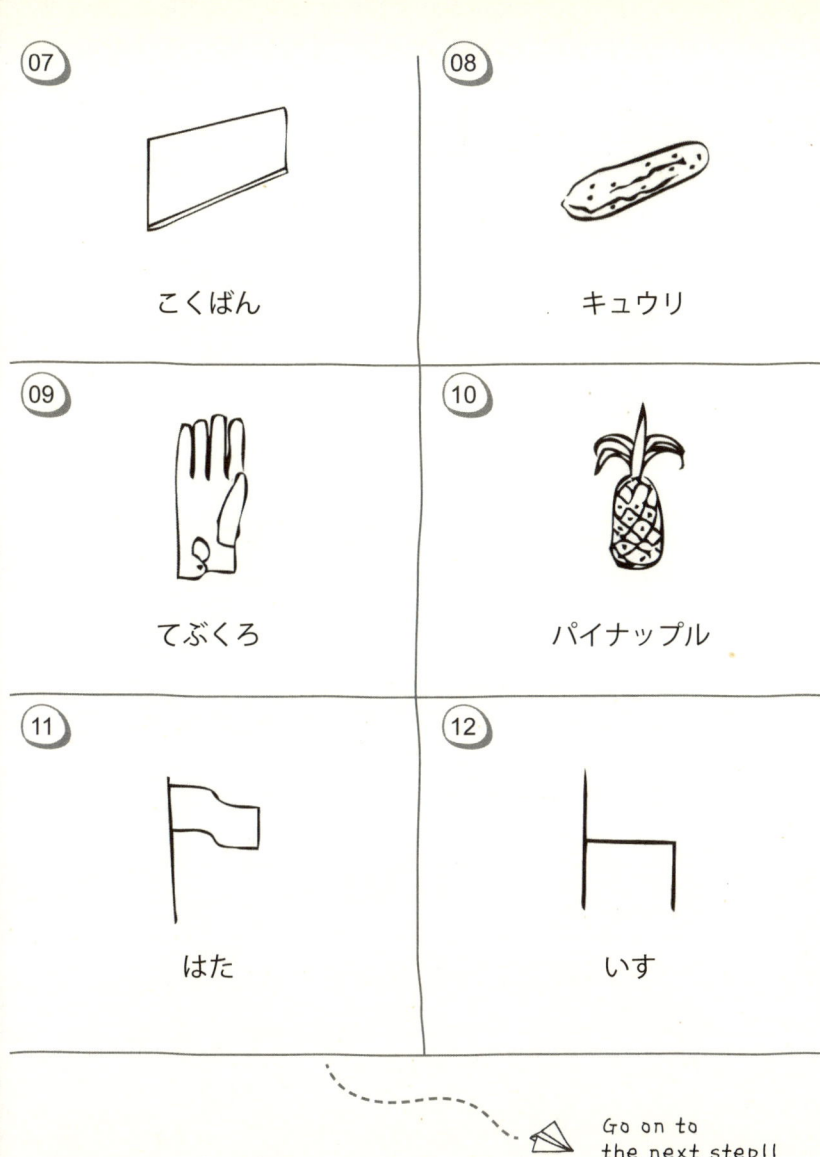

07 こくばん	08 キュウリ
09 てぶくろ	10 パイナップル
11 はた	12 いす

Go on to the next step!!

黒板 칠판   キュウリ 오이   手袋 장갑   パイナップル 파인애플   旗 깃발   椅子 의자

step 09
START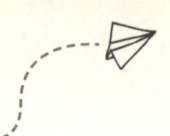

01  テーブルをおす	02  うでをあげる
03  とまる	04  あかりをゆびさす
05  ドアをしめる	06  にかいジャンプする

テーブルを押す 테이블을 밀다　腕を上げる 팔을 들다　止る 멈추다　明りを指差す 전등을 가리키다
ドアを閉める 문을 닫다　二回ジャンプする 두 번 점프하다

07
あかりをけす

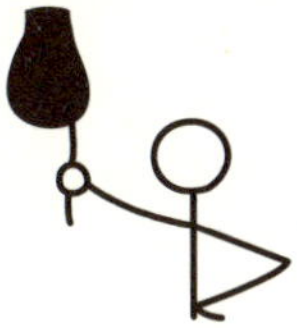

08
うでをさげる

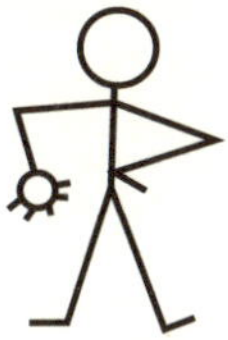

09
あしをバスケットのなかにいれる

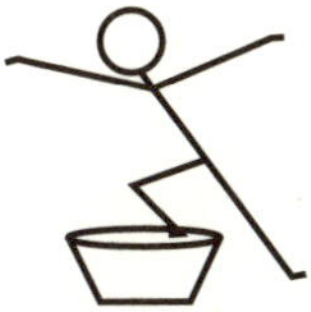

10
キュウリをバスケットのなかにいれる

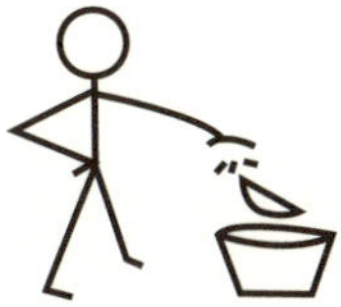

11
うでをこうささせる

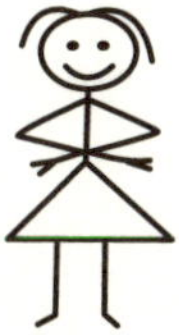

12
いえのなかにはいる

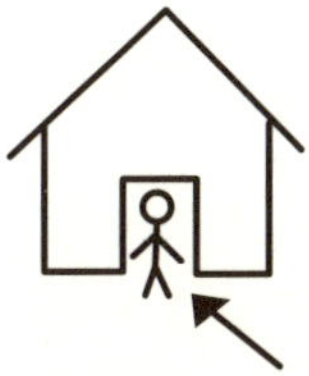

Go on to the next step!!

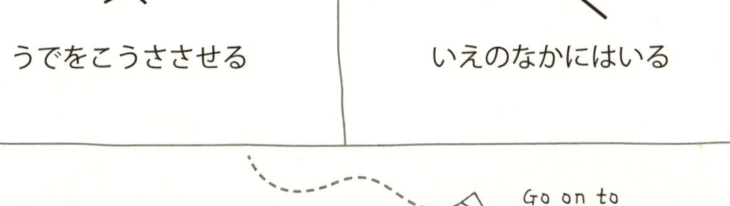

step 10
START

01	02
 さかな	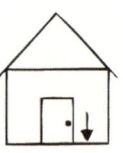 ゆか
03 **7** しち・なな	04 ほし
05 ほん	06 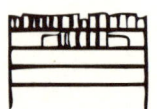 ほんだな

さかな　ゆか　しち・なな　ほし　ほん　ほんだな
魚 물고기　床 바닥　七 칠　星 별　本 책　本棚 책장

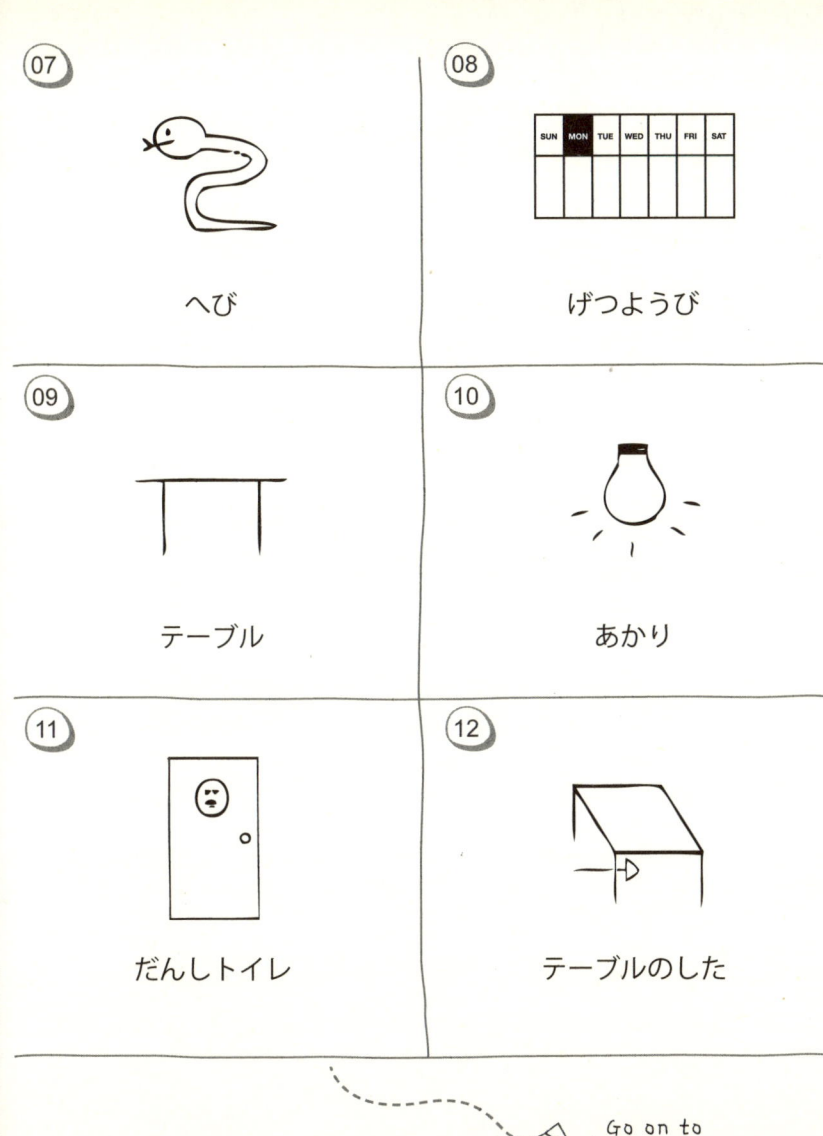

07 へび	08 げつようび
09 テーブル	10 あかり
11 だんしトイレ	12 テーブルのした

Go on to the next Lesson!!

蛇 뱀　月曜日 월요일　テーブル 테이블　明り 전등　男子トイレ 남자 화장실
テーブルの下 테이블 아래

Lesson 5

step 11
START

01	02
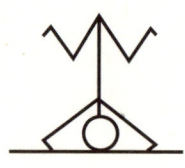	
あたまでたつ	ドアをあける
03	04

じぶんのなまえをにどさけぶ	キュウリをテーブルからとる
05	06

あるく	みみをかく

頭で立つ 머리로 서다　ドアを開ける 문을 열다　自分の名前を二度叫ぶ 자기 이름을 두 번 외치다
キュウリをテーブルから取る 오이를 테이블에서 집어 들다　歩く 걷다　耳を掻く 귀를 긁다

오디오 QR 코드
Lesson 5

まわる

にかいジャンプする

しゃがむ

もっとおおきいこえでうたう

テーブルのうえにはこをおく

うでをあげる

Go on to the next step!!

回る 돌다　二回ジャンプする 두 번 점프하다　しゃがむ 쪼그리고 앉다　もっと大きい声で歌う 더 큰 소리로 노래하다　テーブルの上に箱を置く 테이블 위에 상자를 놓다　腕を上げる 팔을 들다

step 12
START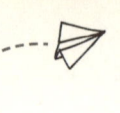

(01)  とけい	(02)  としょかん
(03)  がっこう	(04)  ねこ
(05)  オレンジ	(06)  がくせいのつくえ

時計 시계　図書館 도서관　学校 학교　猫 고양이　オレンジ 오렌지　学生の机 학생 책상

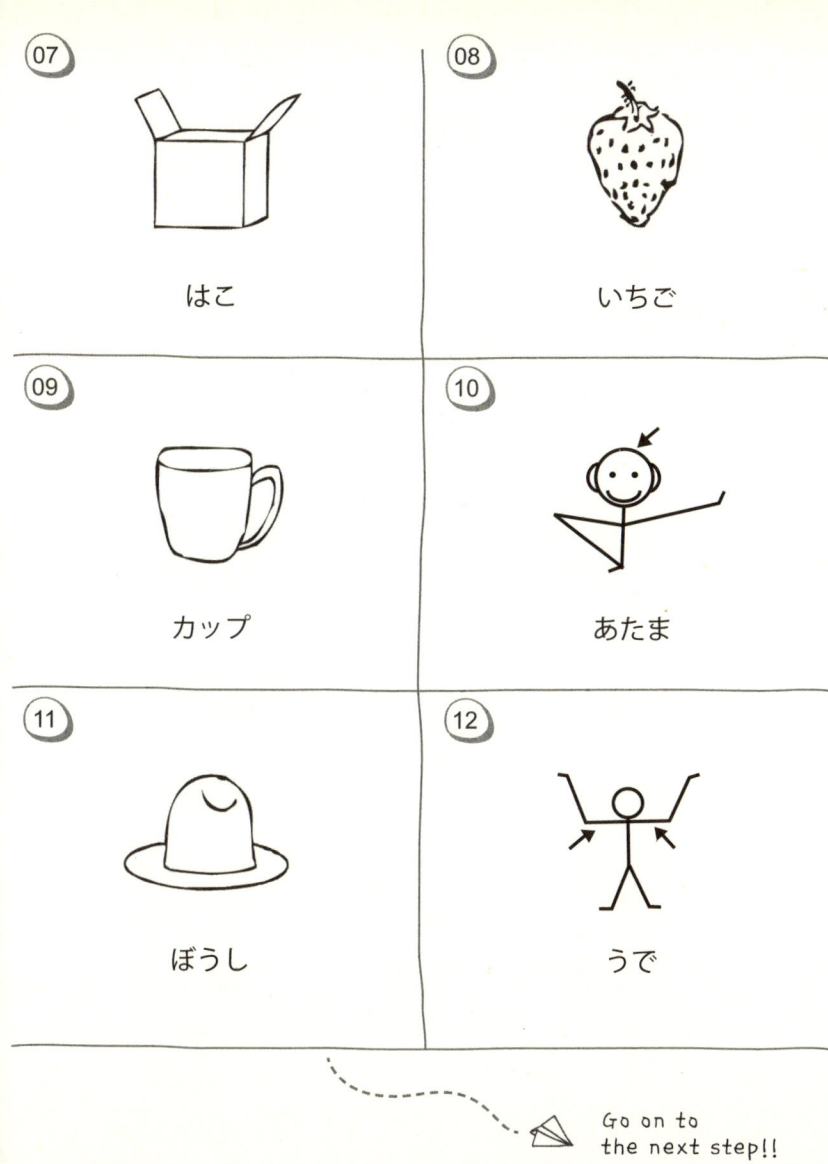

step 13
START

01

あかりをつける

02

りょううでをあげる

03

ローラとおどる

04

いすをもちあげる

05

みみをかく

06

ゆかにひざまずく

明かりをつける 전등을 켜다　両腕を上げる 두 팔을 들다　ローラと踊る Lola와 춤추다　椅子を持ち上げる 의자를 들어 올리다　耳を搔く 귀를 긁다　床に跪く 바닥에 무릎을 꿇다

07 キュウリをはこからだす	08 うえにたつ
09 こくばんにいえをえがく	10 あかりをゆびさす
11 はらをかく	12 いすにさわる

Go on to the next step!!

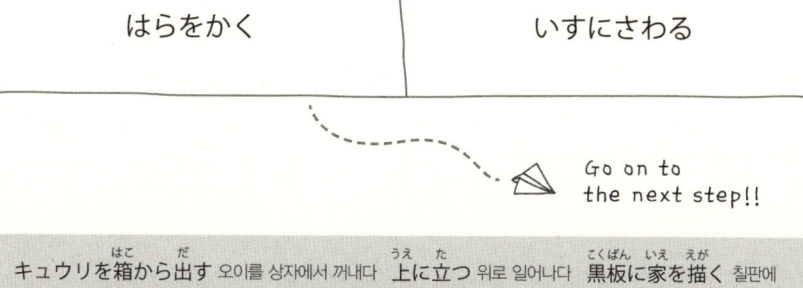

キュウリを箱から出す 오이를 상자에서 꺼내다　上に立つ 위로 일어나다　黒板に家を描く 칠판에 집을 그리다　明りを指差す 전등을 가리키다　腹を掻く 배를 긁다　椅子に触る 의자를 만지다

step 14 START

01.  アイスクリーム

02.  りんご

03.  てぶくろ

04. 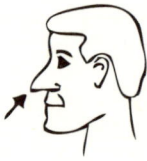 はな

05. 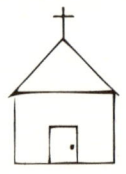 きょうかい

06.  くつ

アイスクリーム 아이스크림　りんご 사과　手袋(てぶくろ) 장갑　鼻(はな) 코　教会(きょうかい) 교회　靴(くつ) 신발

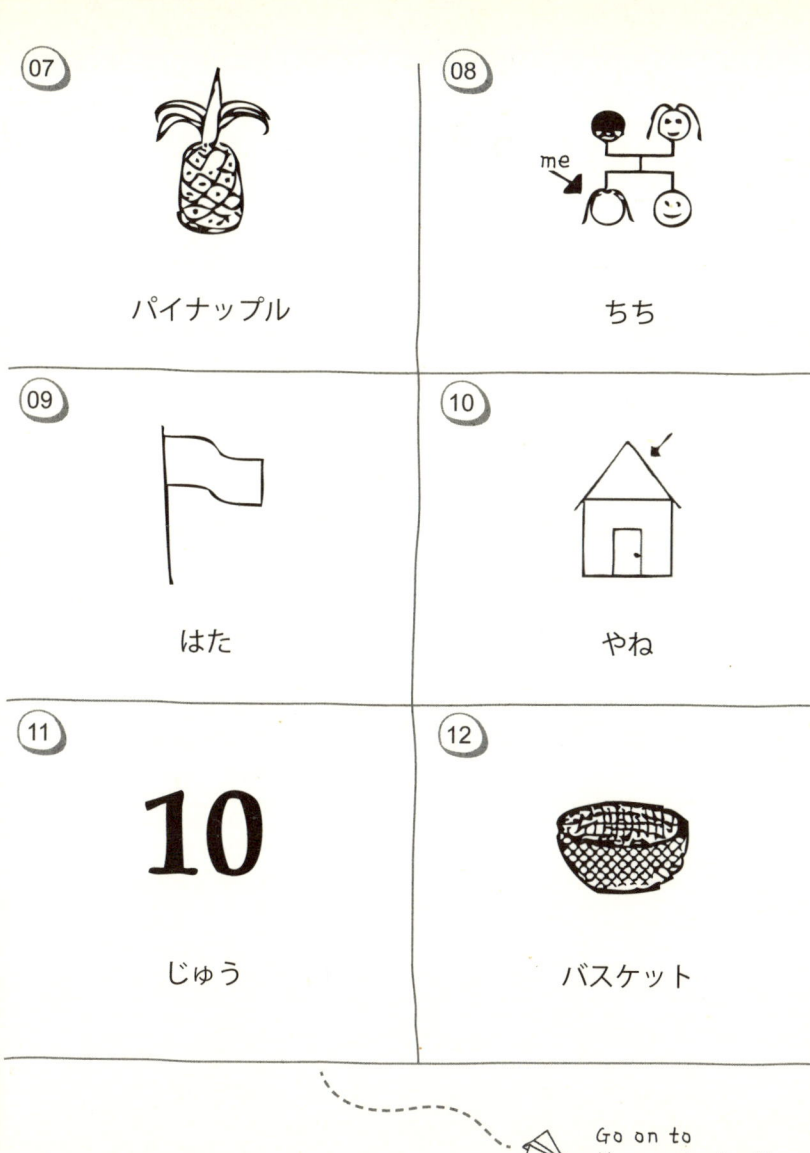

パイナップル パイナップル 父 아버지 旗 깃발 屋根 지붕 十 십 バスケット 바구니

step 15
START

01

ちいさいいすをもちあげる

02

あたまをテーブルにつける

03
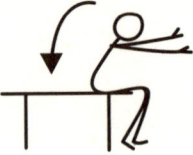
テーブルのうえにすわる

04

あたまでたつ

05

いすにさわる

06

ぼうしをかぶる

小さい椅子を持ち上げる 작은 의자를 들어 올리다　頭をテーブルにつける 머리를 테이블에 대다　テーブルの上に座る 테이블 위에 앉다　頭で立つ 머리로 서다　椅子に触る 의자를 만지다　帽子を被る 모자를 쓰다

キュウリをテーブルからとる

かみをきる

うでをさげる

かみをひろげる

こくばんにいえをえがく

うえにたつ

Go on to the next step!!

キュウリをテーブルから取る 오이를 테이블에서 집어 들다　紙を切る 종이를 자르다　腕を下げる 팔을 내리다　紙を広げる 종이를 풀다　黒板に家を描く 칠판에 집을 그리다　上に立つ 위로 일어서다

step 16
START
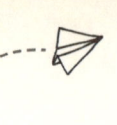

① 9
きゅう・く

② て

③ えんぴつ

④ とけい

⑤ はな

⑥ くずかご

きゅう・く	て	えんぴつ	とけい	はな	くずかご
九 구	手 손	鉛筆 연필	時計 시계	鼻 코	くずかご 휴지통

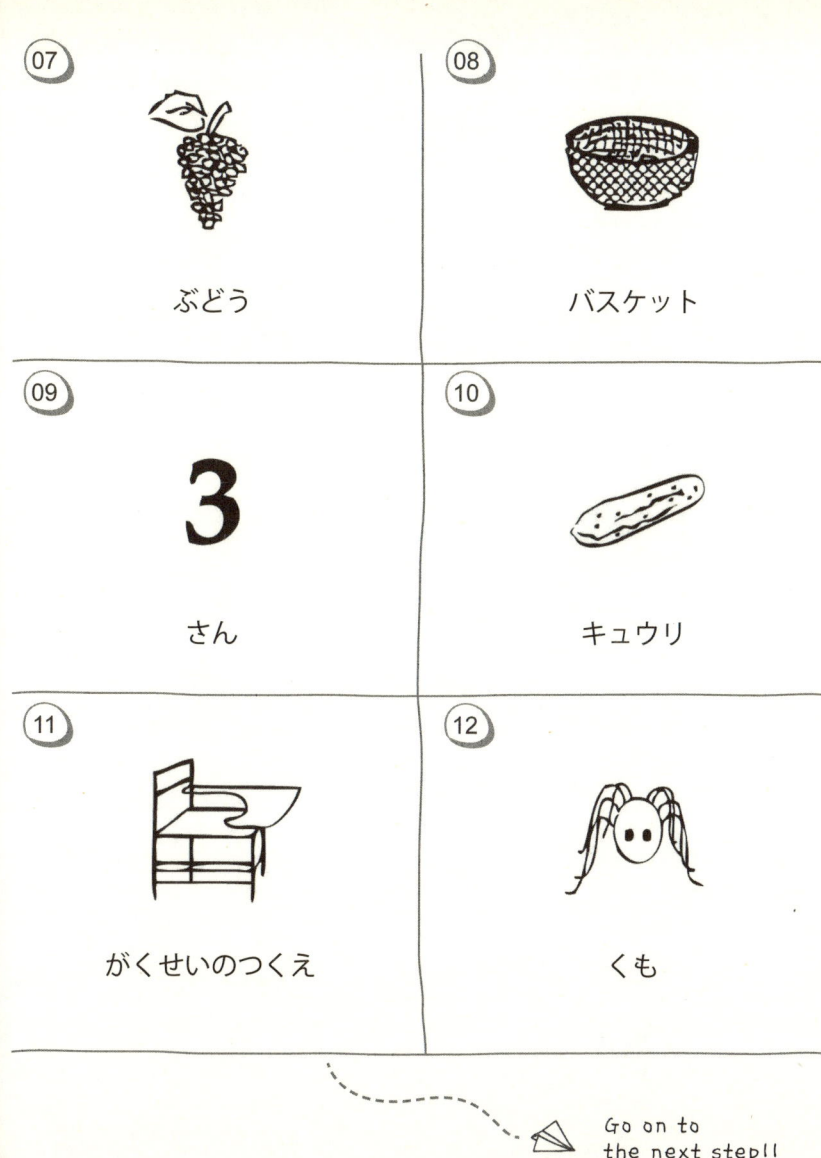

07 ぶどう	08 バスケット
09 さん	10 キュウリ
11 がくせいのつくえ	12 くも

Go on to the next step!!

葡萄 포도　バスケット 바구니　三 삼　キュウリ 오이　学生の机 학생 책상　くも 거미

step 17 START

01
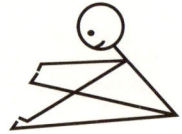
くつにさわる

02

ちいさいいすをもちあげる

03

ローラとおどる

04

ドアをしめる

05

しゃがむ

06

ジョンのあたまをたたく

靴に触る 신발을 만지다　小さい椅子を持ち上げる 작은 의자를 들어 올리다　ローラと踊る Lola와 춤추다　ドアを閉める 문을 닫다　しゃがむ 쪼그리고 앉다　ジョンの頭を叩く John의 머리를 때리다

07
りょううでをあげる

08
テーブルのしたにはいる

09
ジェフ、クリスティンを
だきしめる

10
ゆかをゆびさす

11
あかりをけす

12
あるく

Go on to the next step!!

両腕を上げる 두 팔을 들다　テーブルの下に入る 테이블 밑으로 들어가다　ジェフ、クリスティンを抱きしめる Jeff, Christin을 껴안다　床を指差す 바닥을 가리키다　明りを消す 전등을 끄다　歩く 걷다

step 18
START

01

たまご

02

あかり

03

ボール

04

いちご

05

きょうだいとしまい

06

カップ

卵 계란　明り 전등　ボール 공　いちご 딸기　兄弟と姉妹 형제와 자매　カップ 컵

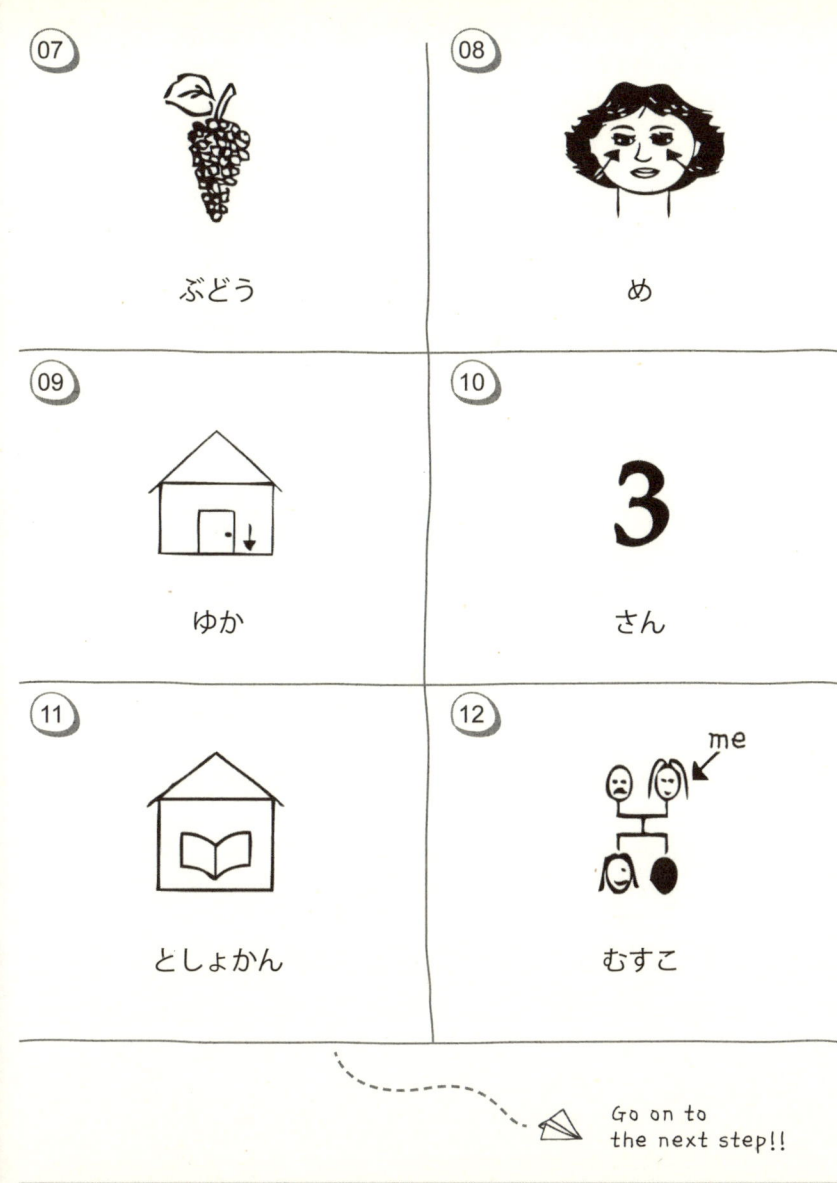

07 ぶどう	08 め
09 ゆか	10 さん
11 としょかん	12 むすこ

Go on to the next step!!

ぶどう 葡萄 포도 め 目 눈 ゆか 床 바닥 さん 三 삼 としょかん 図書館 도서관 むすこ 息子 아들

step 19
START

01  にかいジャンプする	02  みみをかく
03  あたまをテーブルにつける	04  かみをきる
05  あしをあげる	06  がっこうへいく

二回(にかい)ジャンプする 두 번 점프하다　耳(みみ)を掻(か)く 귀를 긁다　頭(あたま)をテーブルにつける 머리를 테이블에 대다　紙(かみ)を切(き)る 종이를 자르다　脚(あし)を上(あ)げる 다리를 올리다　学校(がっこう)へ行(い)く 학교에 가다

07 うでをさげる	08 とまる
09 キュウリをはこからだす	10 まわる
11 あたまでたつ	12 いすにさわる

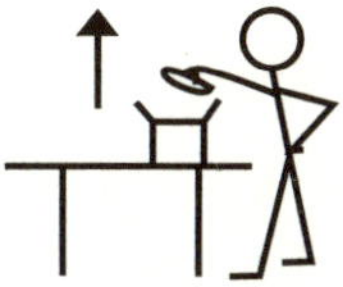

Go on to the next step!!

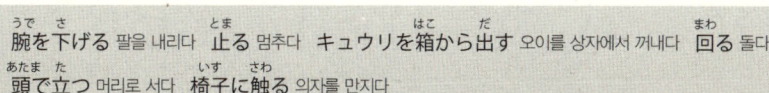

腕を下げる 팔을 내리다　止まる 멈추다　キュウリを箱から出す 오이를 상자에서 꺼내다　回る 돌다
頭で立つ 머리로 서다　椅子に触る 의자를 만지다

step 20
START

01
はら

02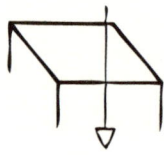
テーブルのまえ

03
レストラン

04
ほん

05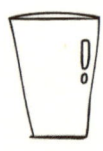
グラス

06
ねこ

腹 배　テーブルの前 테이블 앞　レストラン 레스토랑　本 책　グラス 유리잔　猫 고양이

07	08
じょしトイレ	ろく

09	10
め	こども

11	12
かぎ	きょうかい

Go on to the next Lesson!!

女子トイレ(じょし) 여자 화장실　**六**(ろく) 육　**目**(め) 눈　**子供**(こども) 자녀　**鍵**(かぎ) 열쇠　**教会**(きょうかい) 교회

Lesson 6

step 21

START

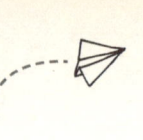

01

じぶんのいすにもどる

02

かみをきる

03

いえのそとにでる

04

せんせいにはくしゅする

05

あるく

06

キュウリをはこのなかにいれる

自分の椅子に戻る 자기 의자로 돌아오다　紙を切る 종이를 자르다　家の外に出る 집 밖으로 나오다
先生に拍手する 선생님께 박수치다　歩く 걷다　キュウリを箱の中に入れる 오이를 상자 안에 넣다

オーディオ QR コード
Lesson 6

ドアをあける

ちいさいいすをもちあげる

ローラとおどる

もっとおおきいこえでうたう

かみをひろげる

テーブルのうえにすわる

 Go on to the next step!!

ドアを開ける 문을 열다 小さい椅子を持ち上げる 작은 의자를 들어 올리다 ローラと踊る Lola와 춤추다 もっと大きい声で歌う 더 큰 소리로 노래하다 紙を広げる 종이를 풀다 テーブルの上に座る 테이블 위에 앉다

step 22
START

01 うま	02 まど
03 おじ	04 いぬ
05 ドア	06 はこ

うま　まど　　　　　　　いぬ　　　　　はこ
馬 말　窓 창문　おじ 외삼촌　犬 개　ドア 문　箱 상자

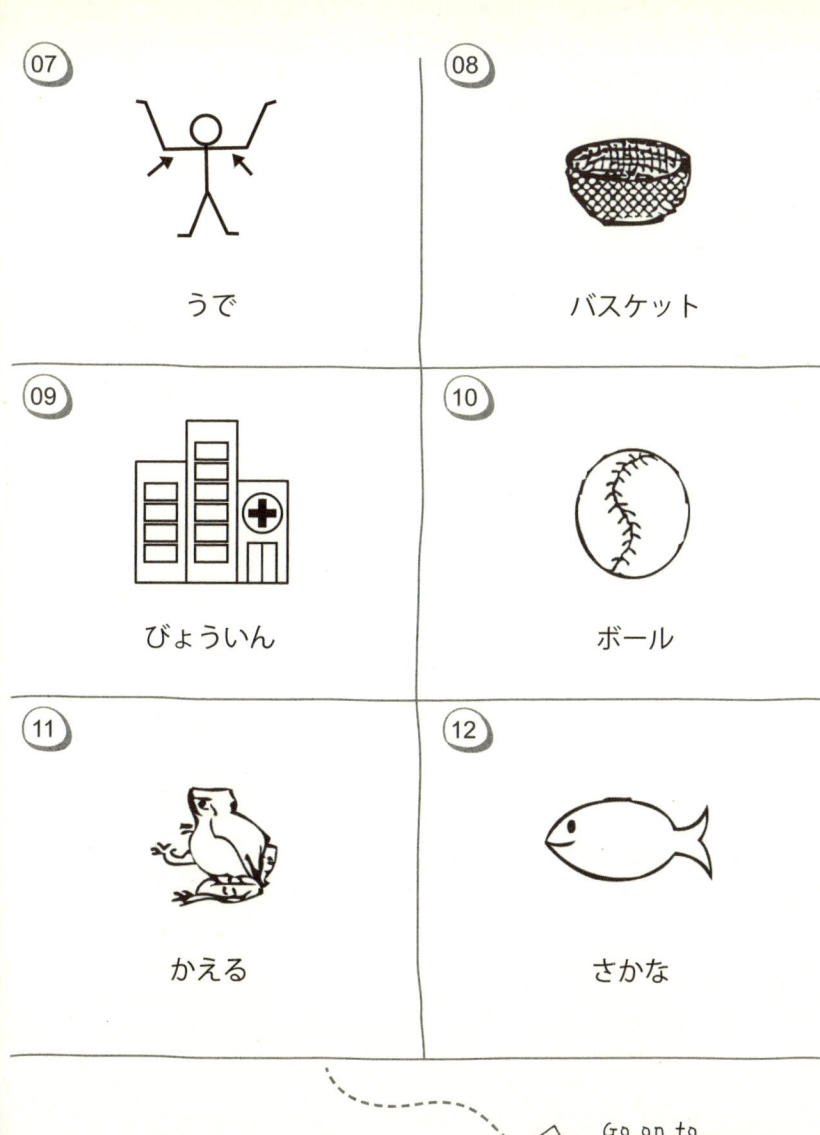

07 うで	08 バスケット
09 びょういん	10 ボール
11 かえる	12 さかな

Go on to the next step!!

腕 팔 バスケット 바구니 病院 병원 ボール 공 蛙 개구리 魚 물고기

step 23
START

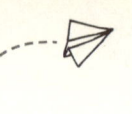

01

あるく

02

しゃがむ

03

がっこうへいく

04

うでをさげる

05

くつにさわる

06

にかいジャンプする

歩く 걷다　しゃがむ 쪼그리고 앉다　学校へ行く 학교에 가다　腕を下げる 팔을 내리다　靴に触る 신발을 만지다　二回ジャンプする 두 번 점프하다

step 24
START

01 **4** し・よん	02 こくばん
03 あかり	04 ほし
05 じどうしゃ	06 たまご

し・よん	こくばん	あかり	ほし	じどうしゃ	たまご
四 사	黒板 칠판	明り 전등	星 별	自動車 자동차	卵 계란

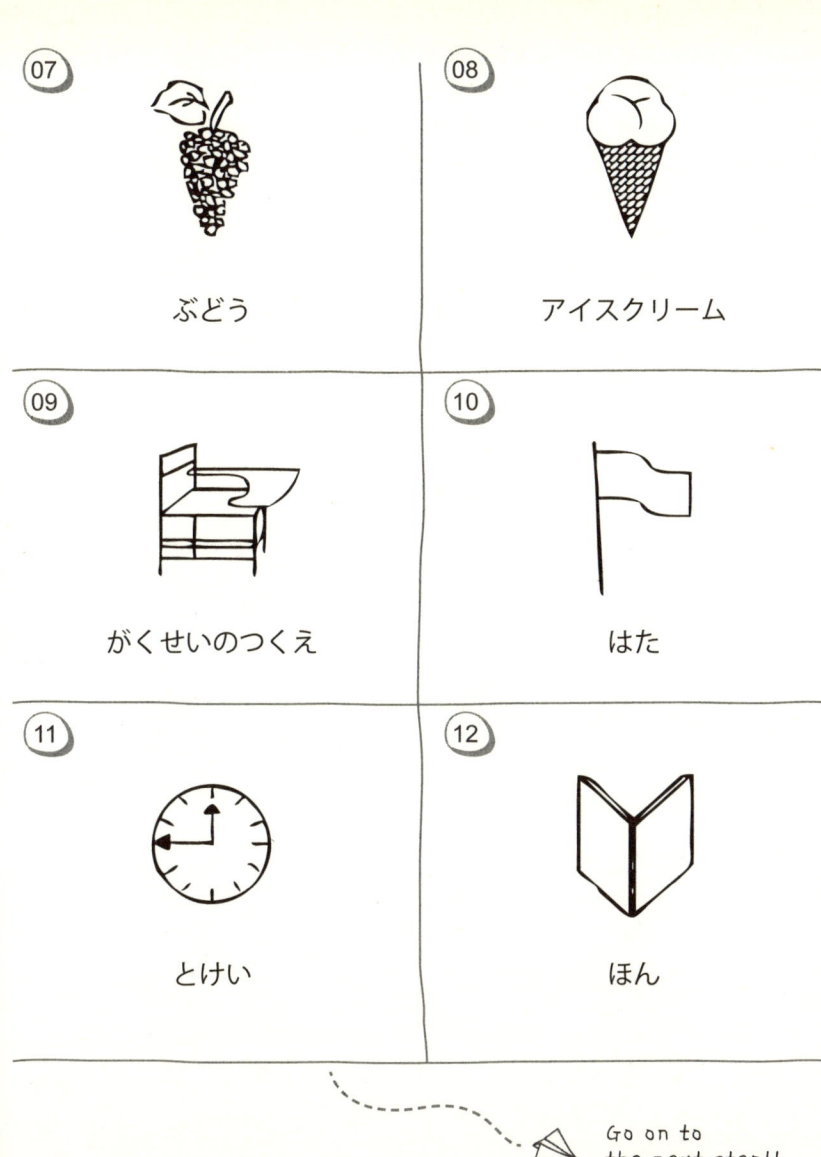

07 ぶどう	08 アイスクリーム
09 がくせいのつくえ	10 はた
11 とけい	12 ほん

Go on to the next step!!

| ぶどう 葡萄 포도 | アイスクリーム 아이스크림 | がくせい つくえ 学生の机 학생 책상 | はた 旗 깃발 | とけい 時計 시계 | ほん 本 책 |

step 25
START
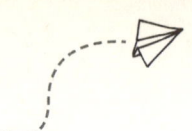

01
キュウリをバスケットにいれる

02
じぶんのなまえをこくばんにかく

03
いえにはしっていく

04
ドアをしめる

05
まえにたつ

06
ちいさいいすをもちあげる

キュウリをバスケットに入れる 오이를 바구니에 넣다　自分の名前を黒板に書く 자기 이름을 칠판에 적다　家に走って行く 집으로 뛰어가다　ドアを閉める 문을 닫다　前に立つ 앞으로 일어서다　小さい椅子を持ち上げる 작은 의자를 들어 올리다

こくばんにいえをえがく

みずをのむ

 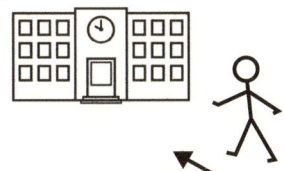
がっこうへいく

ちいさいはこをとじる

あかりをゆびさす

あたまにさわる

Go on to the next step!!

黒板に家を描く 칠판에 집을 그리다　水を飲む 물을 마시다　学校へ行く 학교에 가다　小さい箱を閉じる 작은 상자를 닫다　明りを指差す 전등을 가리키다　頭に触る 머리를 만지다

step 26
START

①  なし	②  ゆび
③ **8** はち	④  カップ
⑤ 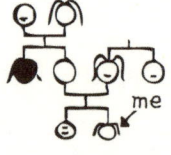 おば	⑥  キュウリ

梨 배　指 손가락　八 팔　カップ 컵　おば 고모　キュウリ 오이

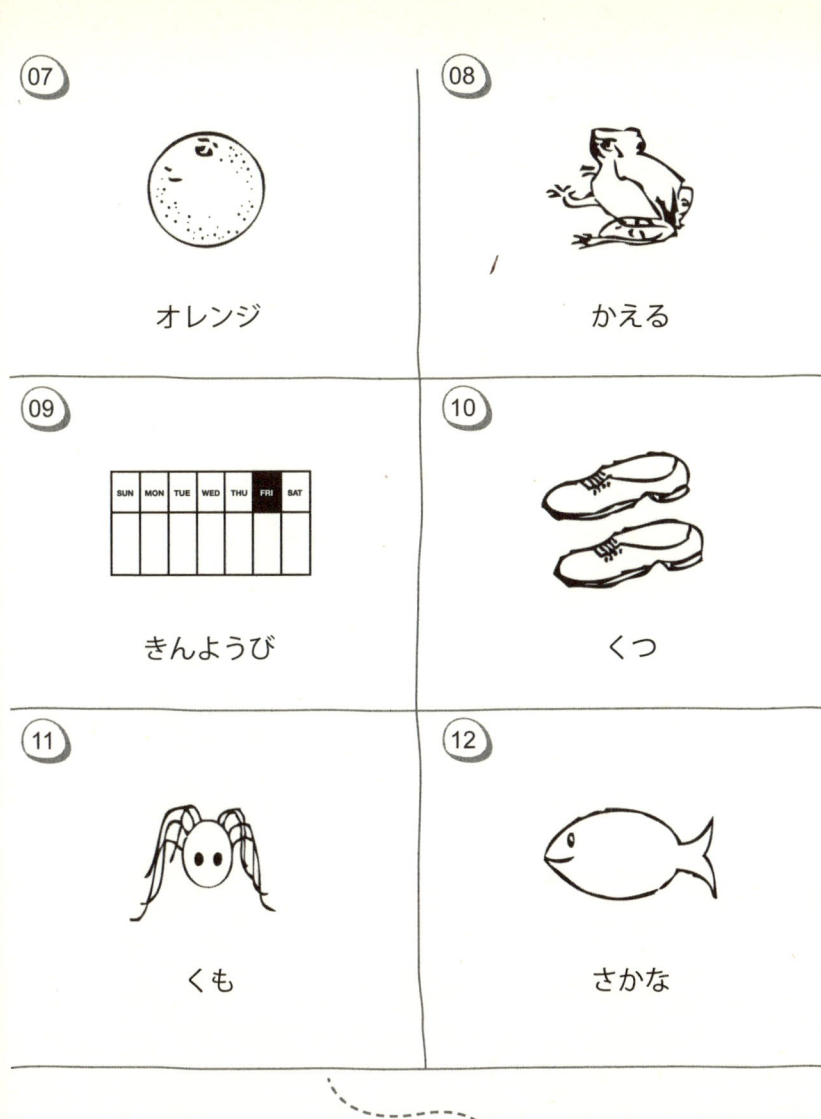

オレンジ オレンジ　蛙(かえる) 개구리　金曜日(きんようび) 금요일　靴(くつ) 신발　くも 거미　魚(さかな) 물고기

step 27 START

01
おんなをたかくもちあげる

02
あかりをけす

03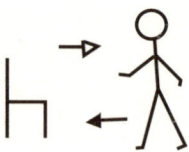
じぶんのいすにもどる

04
かみをきる

05
うえにたつ

06
もっとおおきいこえでうたう

女を高く持ち上げる 여자를 높이 들어 올리다　明りを消す 전등을 끄다　自分の椅子に戻る 자기 의자로 돌아오다　紙を切る 종이를 자르다　上に立つ 위로 일어서다　もっと大きい声で歌う 더 큰 소리로 노래하다

 じぶんのなまえをけす	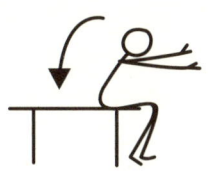 テーブルのうえにすわる
 キュウリをはこからだす	 あかりをゆびさす
 いえにはしっていく	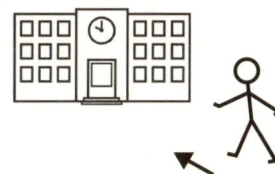 がっこうへいく

Go on to the next step!!

自分の名前を消す 자기 이름을 지우다　テーブルの上に座る 테이블 위에 앉다　キュウリを箱から出す 오이를 상자에서 꺼내다　明りを指差す 전등을 가리키다　家に走って行く 집으로 뛰어가다　学校へ行く 학교에 가다

step 28
START

01	02
 バー	 パイナップル
03	04
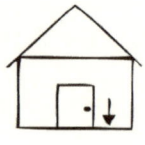 ゆか	 はこ
05	06
 あかり	 ほし

バー 바 パイナップル 파인애플 床ゆか 바닥 箱はこ 상자 明りあか 전등 星ほし 별

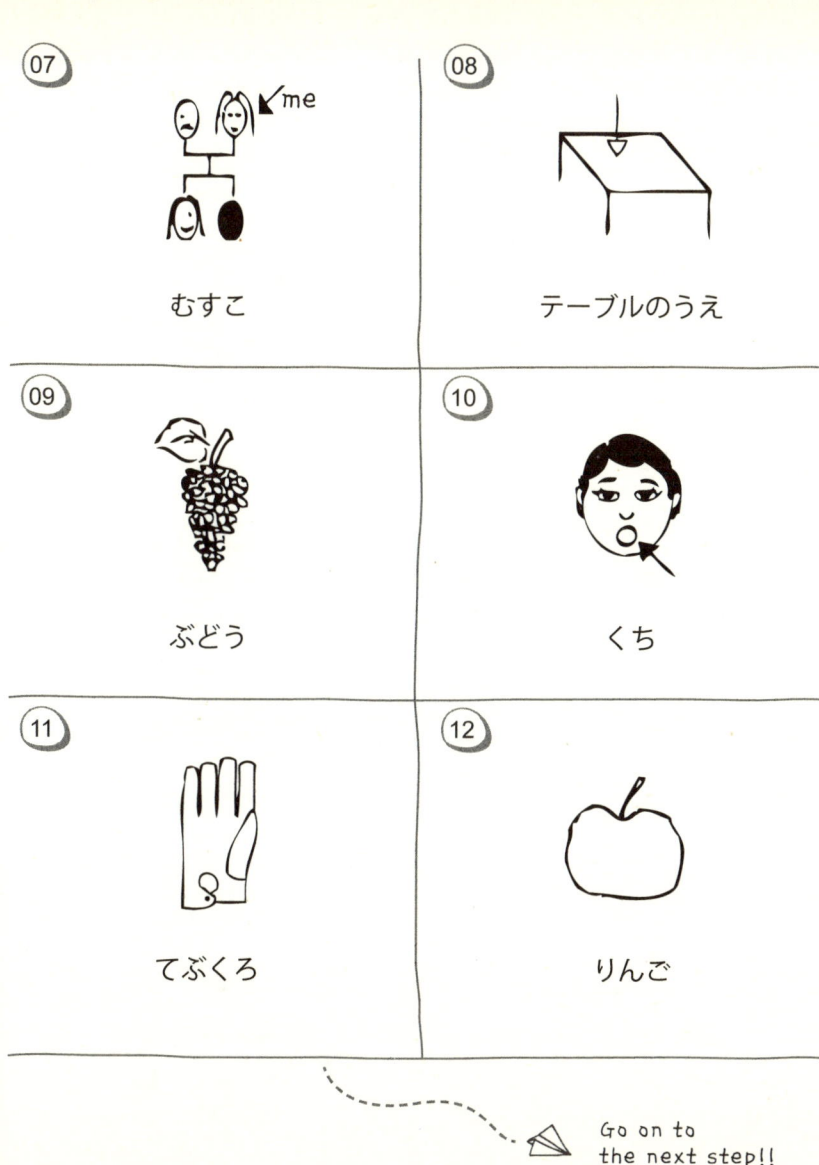

07 むすこ	08 テーブルのうえ
09 ぶどう	10 くち
11 てぶくろ	12 りんご

Go on to the next step!!

息子 아들 テーブルの上 테이블 위 葡萄 포도 口 입 手袋 장갑 りんご 사과

step 29
START

01

キュウリをバスケットにいれる

02

テーブルをもちあげる

03

テーブルのうえにはこをおく

04

あたまでたつ

05

あたまをテーブルにつける

06

あるく

キュウリをバスケットに入れる 오이를 바구니에 넣다　テーブルを持ち上げる 테이블을 들어 올리다　テーブルの上に箱を置く 테이블 위에 상자를 놓다　頭で立つ 머리로 서다　頭をテーブルにつける 머리를 테이블에 대다　歩く 걷다

 かみをまく	 こくばんにいえをえがく
 うえにたつ	 ゆびでかずをかぞえる
 いすにさわる	 じぶんのなまえをにどさけぶ

Go on to the next step!!

紙を巻く 종이를 말다　黒板に家を描く 칠판에 집을 그리다　上に立つ 위로 일어서다　指で数を数える 손가락으로 수를 세다　椅子に触る 의자를 만지다　自分の名前を二度叫ぶ 자기 이름을 두 번 외치다

step 30
START

01 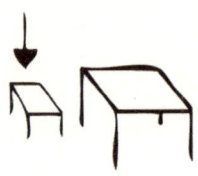 ちいさいテーブル	02  つくえ
03  はな	04  だんしトイレ
05 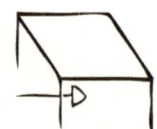 テーブルのした	06  ちょう

小さいテーブル 작은 테이블 机 책상 鼻 코 男子トイレ 남자 화장실 テーブルの下 테이블 아래
蝶 나비

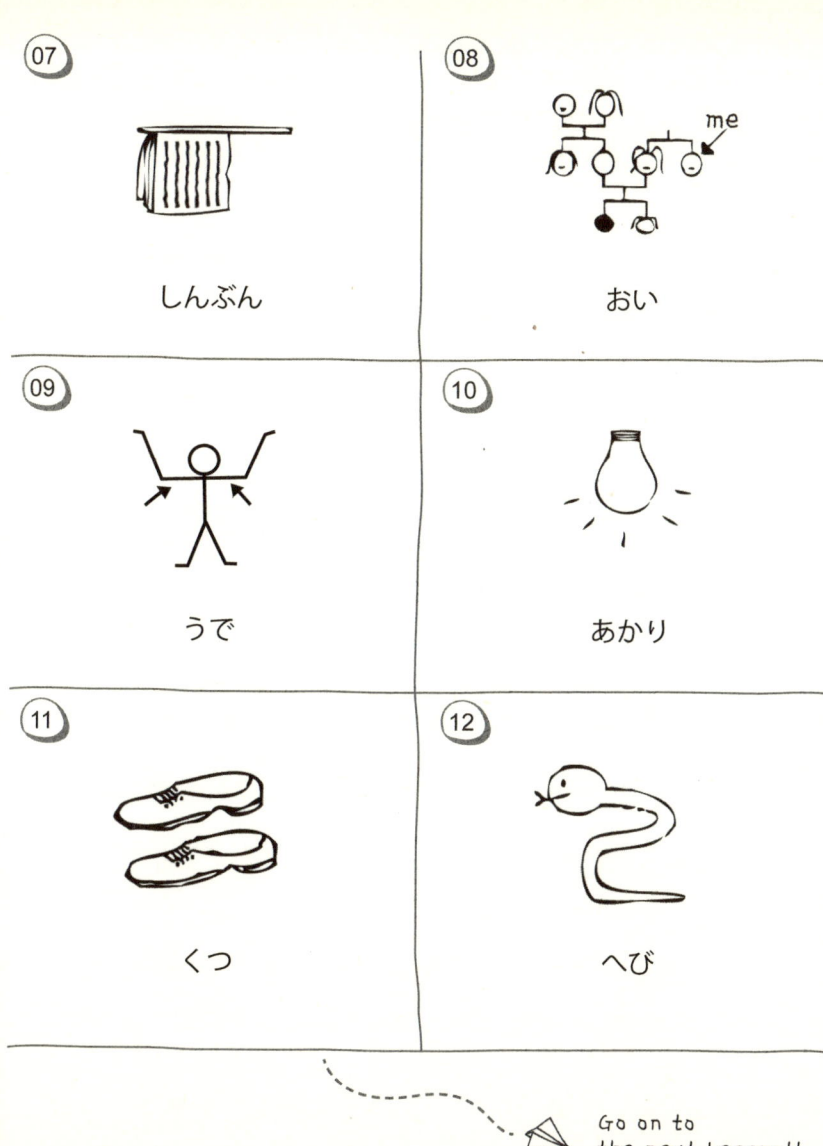

07 しんぶん	08 おい
09 うで	10 あかり
11 くつ	12 へび

Go on to the next Lesson!!

しんぶん	おい	うで	あか	くつ	へび
新聞 신문	甥 남자조카	腕 팔	明り 전등	靴 신발	蛇 뱀

Lesson 7

step 31
START

01  りょううでをあげる	02  おんなをたかくもちあげる
03  がっこうにいく	04  うでをあげる
05  ゆかにひざまずく	06  うでをこうささせる

りょううで あ
両腕を上げる 두 팔을 들다　おんな たか も あ
女を高く持ち上げる 여자를 높이 들어 올리다　がっこう い
学校に行く 학교에 가다

うで あ
腕を上げる 팔을 들다　ゆか ひざまず
床に跪く 바닥에 무릎을 꿇다　うで こうさ
腕を交差させる 팔을 교차하다

オーディオ QR コード
Lesson 7

テーブルをもちあげる

キュウリをバスケットのなかに いれる

かみをひろげる

あたまにさわる

ぼうしをとる

すわる

Go on to the next step!!

テーブルを持ち上げる 테이블을 들어 올리다　キュウリをバスケットの中に入れる 오이를 바구니 안에 넣다　紙を広げる 종이를 펼치다　頭に触る 머리를 만지다　帽子を取る 모자를 벗다　座る 앉다

step 32
START

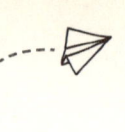

01
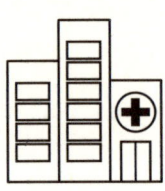
びょういん

02

ちいさいテーブル

03

やきゅうぼう

04

いちご

05

はな

06

ゆび

びょういん
病院 병원　　小さいテーブル 작은 테이블　　野球帽 야구 모자　　いちご 딸기　　鼻 코　　指 손가락

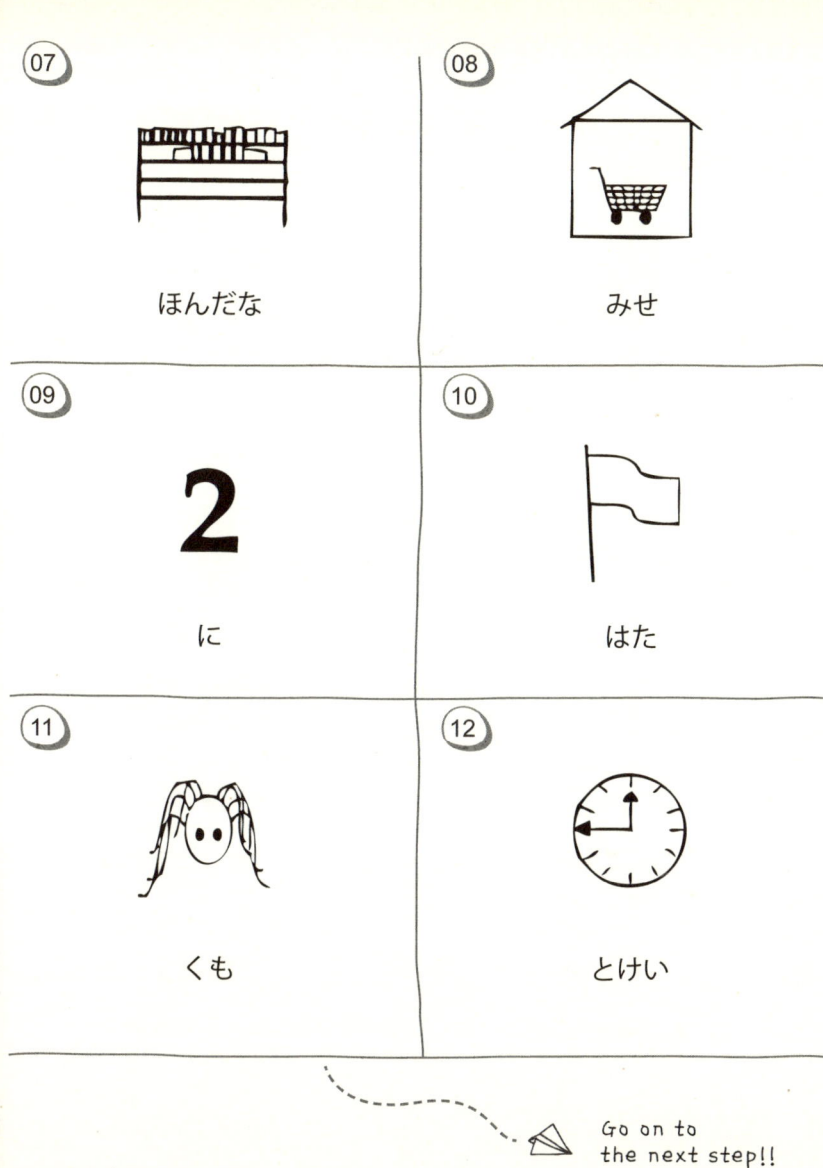

本棚 책장　店 가게　二 이　旗 깃발　くも 거미　時計 시계

step 33
START

01

りょううでをあげる

02

あかりをつける

03

かみをきる

04

まえにたつ

05

じぶんのいすにもどる

06

キュウリをバスケットのなかにいれる

両腕を上げる 두 팔을 들다　明りをつける 전등을 켜다　紙を切る 종이를 자르다　前に立つ 앞으로 일어서다　自分の椅子に戻る 자기 의자로 돌아가다　キュウリをバスケットの中に入れる 오이를 바구니 안에 넣다

 あかりをけす	 あたまでたつ
 あかりをゆびさす	 テーブルをおす
 じぶんのなまえをけす	 キュウリをはこのなかにいれる

Go on to the next step!!

明りを消す 전등을 끄다　頭で立つ 머리로 서다　明りを指差す 전등을 가리키다　テーブルを押す 테이블을 밀다　自分の名前を消す 자기 이름을 지우다　キュウリを箱の中に入れる 오이를 상자 안에 넣다

step 34
START

01 て	02 テーブル
03  ペン	04  てぶくろ
05  うで	06  じょしトイレ

手 손 テーブル 테이블 ペン 펜 手袋(てぶくろ) 장갑 腕(うで) 팔 女子(じょし)トイレ 여자 화장실

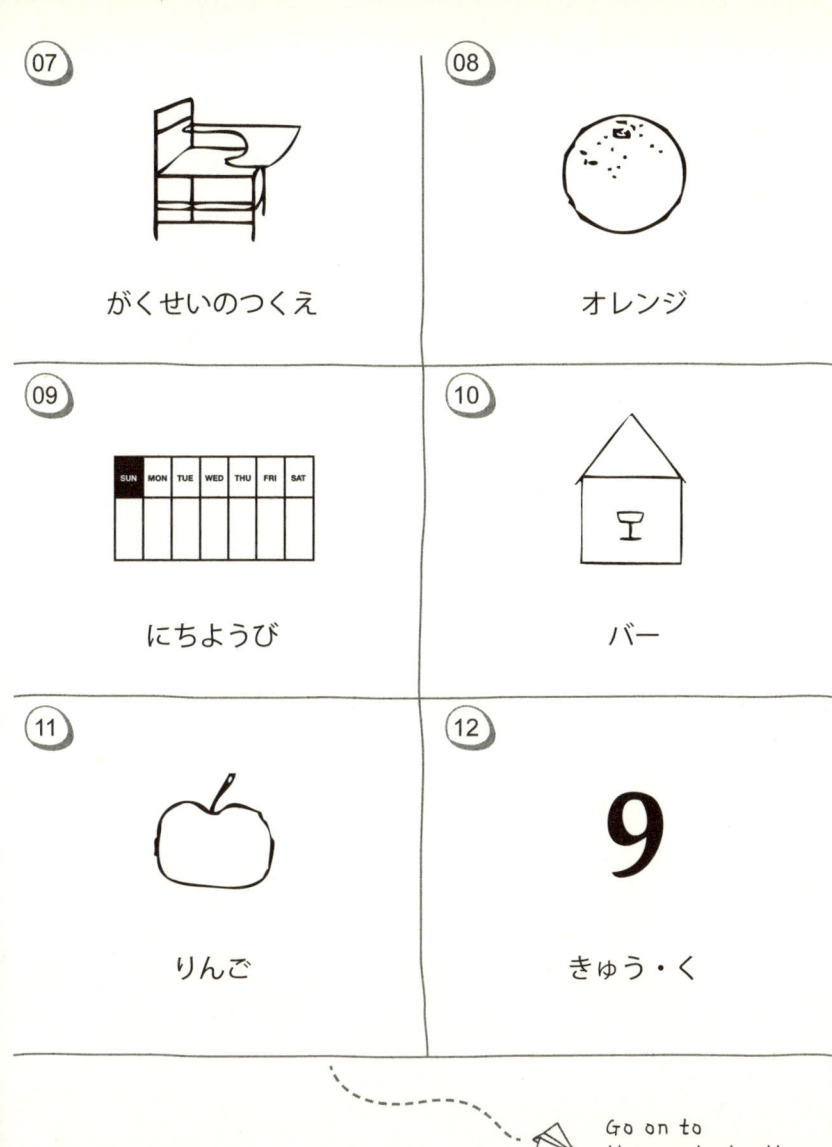

07	08
がくせいのつくえ	オレンジ
09	10
にちようび	バー
11	12
りんご	きゅう・く

Go on to the next step!!

学生の机 학생 책상　オレンジ 오렌지　日曜日 일요일　バー 바　りんご 사과　九 구

step 35
START

01

あるく

02

にかいジャンプする

03
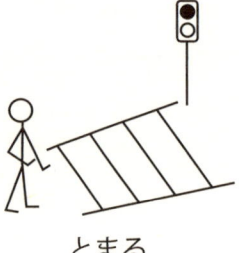
とまる

04

おんなをたかくもちあげる

05

じぶんのなまえをけす

06

うでをさげる

歩く 걷다　二回ジャンプする 두 번 점프하다　止る 멈추다　女を高く持ち上げる 여자를 높이 들어 올리다　自分の名前を消す 자기 이름을 지우다　腕を下げる 팔을 내리다

⑦  ゆかをゆびさす	⑧  しゃがむ
⑨  あかりをゆびさす	⑩  ドアをあける
⑪ いすにさわる	⑫  テーブルからキュウリをとる

 Go on to the next step!!

床を指差す 바닥을 가리키다　しゃがむ 쪼그리고 앉다　明りを指差す 전등을 가리키다　ドアを開ける 문을 열다　椅子に触る 의자를 만지다　テーブルからキュウリを取る 테이블에서 오이를 집어 들다

step 36
START

01 くずかご	02 あたま
03 こくばん	04 アイスクリーム
05 もくようび	06 まる

くずかご 휴지통 　あたま 頭 머리 　こくばん 黒板 칠판 　アイスクリーム 아이스크림 　もくようび 木曜日 목요일 　まる 円 동그라미

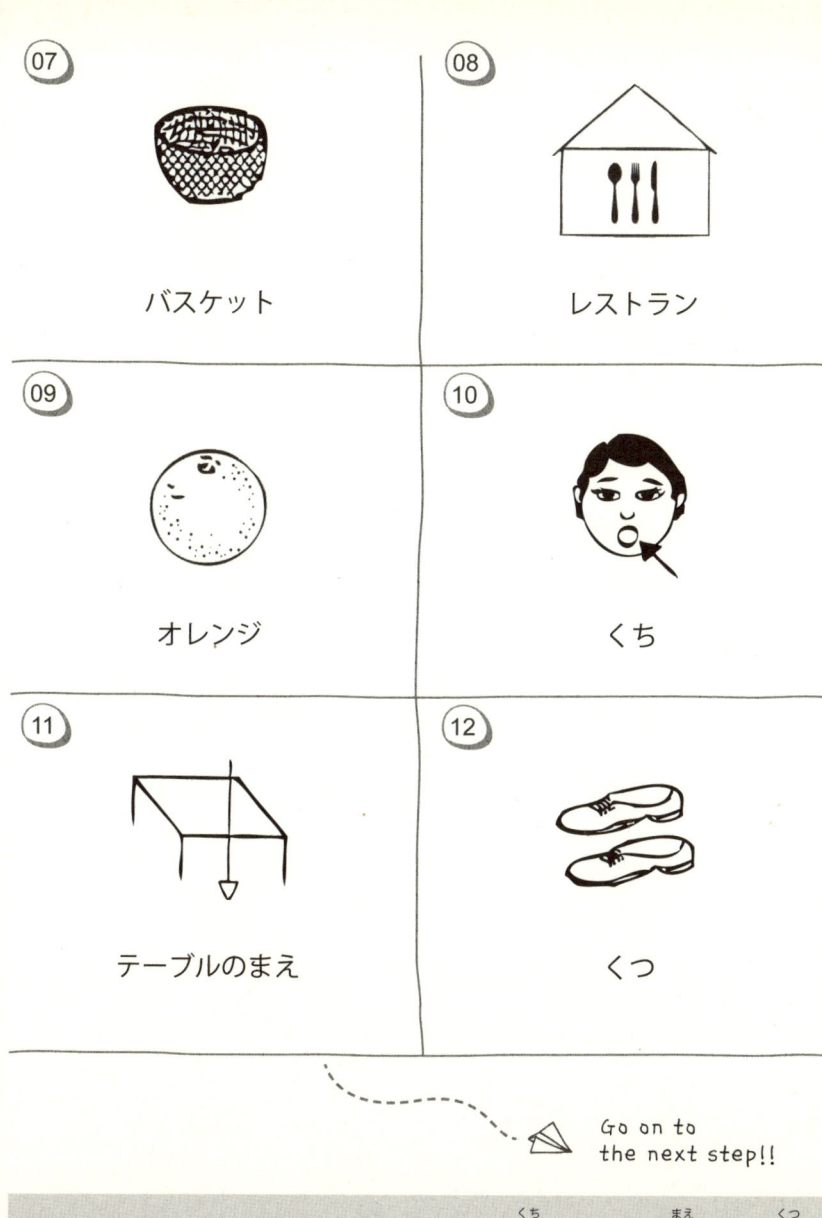

07 バスケット	08 レストラン
09 オレンジ	10 くち
11 テーブルのまえ	12 くつ

Go on to the next step!!

バスケット 바구니　レストラン 레스토랑　オレンジ 오렌지　口 입　テーブルの前 테이블 앞　靴 신발

step 37
START

01

キュウリのにおいをかぐ

02

まわる

03

ぼうしをかぶる

04

りょううでをあげる

05
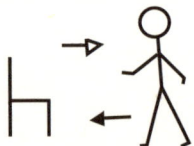
じぶんのいすにもどる

06

うでをさげる

キュウリの臭いを嗅ぐ 오이 냄새를 맡다　回る 돌다　帽子を被る 모자를 쓰다　両腕を上げる 두 팔을 들다　自分の椅子に戻る 자기 의자로 돌아가다　腕を下げる 팔을 내리다

07  ローラとおどる	08  まえにたつ
09 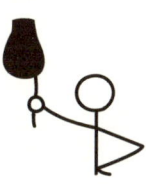 あかりをけす	10  あたまをテーブルにつける
11  ちいさいいすをもちあげる	12  キュウリをテーブルからとる

Go on to the next step!!

ローラと踊る Lola와 춤추다　前に立つ 앞으로 일어서다　明りを消す 전등을 끄다　頭をテーブルにつける 머리를 테이블에 대다　小さい椅子を持ち上げる 작은 의자를 들어 올리다　キュウリをテーブルから取る 오이를 테이블에서 집어 들다

step 38
START

01  なし	02  えんぴつ
03  ボール	04 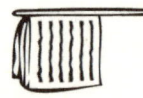 しんぶん
05  かみ	06 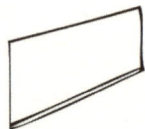 こくばん

梨 배　鉛筆 연필　ボール 공　新聞 신문　髪 머리카락　黒板 칠판

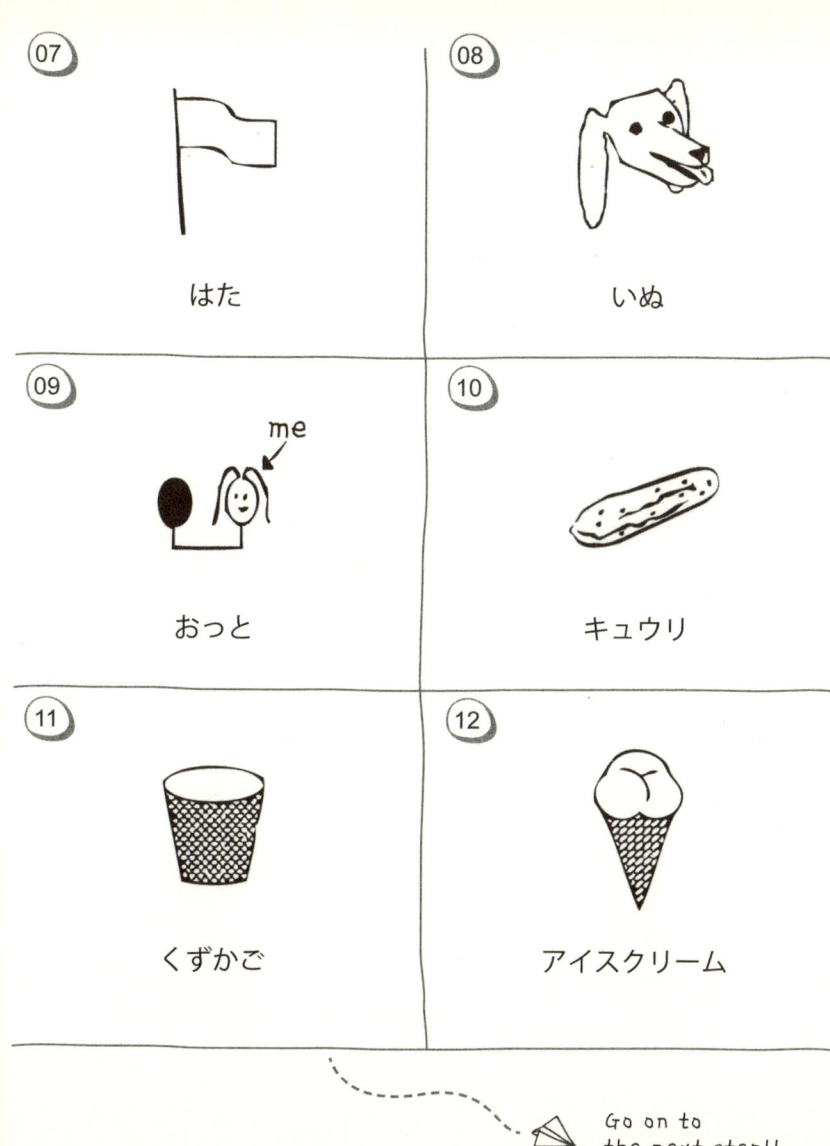

07 はた	08 いぬ
09 おっと	10 キュウリ
11 くずかご	12 アイスクリーム

Go on to the next step!!

旗 깃발　犬 개　夫 남편　キュウリ 오이　くずかご 휴지통　アイスクリーム 아이스크림

step 39
START

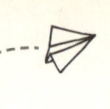

01

まわる

02

ゆびをうごかす

03

テーブルをもちあげる

04

みずをのむ

05

しゃがむ

06

じぶんのなまえをけす

回る 돌다　指を動かす 손가락을 움직이다　テーブルを持ち上げる 테이블을 들어 올리다　水を飲む 물을 마시다　しゃがむ 쪼그리고 앉다　自分の名前を消す 자기 이름을 지우다

07

キュウリをバスケットのなかに
いれる

08

ゆかにとびおりる

09

あかりをゆびさす

10

かみをきる

11

テーブルのうえにはこをおく

12

ゆびでかずをかぞえる

Go on to the next step!!

キュウリをバスケットの中に入れる 오이를 바구니 안에 넣다　床に飛び降りる 바닥으로 뛰어내리다　明りを指差す 전등을 가리키다　紙を切る 종이를 자르다　テーブルの上に箱を置く 테이블 위에 상자를 놓다　指で数を数える 손가락으로 수를 세다

step 40
START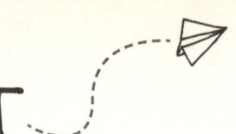

01 つくえ	02 て
03 パイナップル	04 はら
05 さかな	06 ちいさいいす

つくえ 机 책상 て 手 손 パイナップル 파인애플 はら 腹 배 さかな 魚 물고기 ちいさいいす 小さい椅子 작은 의자

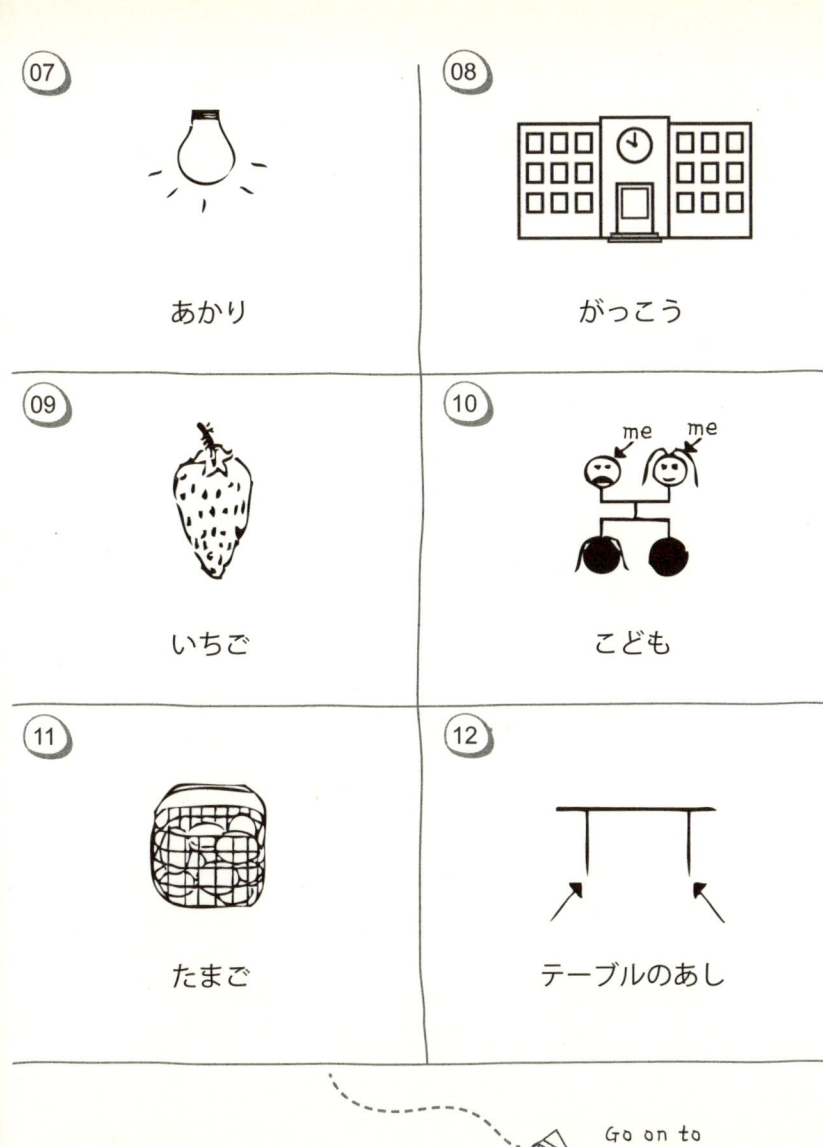

Lesson 8

step 41
START
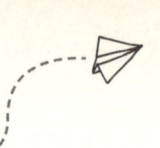

01

あしをあげる

02

ローラとおどる

03

しゃがむ

04

バスケットのなかにあしをいれる

05

あかりをつける

06

じぶんのなまえをにどさけぶ

脚を上げる 다리를 들다　ローラと踊る Lola와 춤추다　しゃがむ 쪼그리고 앉다　バスケットの中に足を入れる 바구니 안에 발을 넣다　明りをつける 전등을 켜다　自分の名前を二度叫ぶ 자기 이름을 두 번 외치다

テーブルのうえにはこをおく

ちいさいはこをとじる

キュウリのにおいをかぐ

あたまでたつ

テーブルのしたにはいる

まわる

Go on to the next step!!

テーブルの上に箱を置く 테이블 위에 상자를 놓다 小さい箱を閉じる 작은 상자를 닫다 キュウリの臭いを嗅ぐ 오이 냄새를 맡다 頭で立つ 머리로 서다 テーブルの下に入る 테이블 밑에 들어가다 回る 돌다

step 42
START

01
いす

02
10
じゅう

03
いちご

04
あかり

05
ゴミばこ

06
ちいさいいす

椅子 의자　十 십　いちご 딸기　明り 전등　ゴミ箱 쓰레기통　小さい椅子 작은 의자

くも 거미　小さい家 작은 집　頭 머리　両親 부모님　図書館 도서관　髪 머리카락

step 43
START

01

ゆかにとびおりる

02

ケントとあくしゅする

03

じぶんのなまえをにどさけぶ

04

ローラとおどる

05

テーブルのうえにすわる

06

うえにたつ

床に飛び降りる 바닥으로 뛰어내리다　ケントと握手する Kent와 악수하다　自分の名前を二度叫ぶ 자기 이름을 두 번 외치다　ローラと踊る Lola와 춤추다　テーブルの上に座る 테이블 위에 앉다　上に立つ 위로 일어서다

07 キュウリをはこのなかにいれる

08 すわる

09 あたまをテーブルにつける

10 ゆびをうごかす

11 うでをさげる

12 かみをきる

Go on to the next step!!

キュウリを箱の中に入れる 오이를 상자 안에 넣다　座る 앉다　頭をテーブルにつける 머리를 테이블에 대다　指を動かす 손가락을 움직이다　腕を下げる 팔을 내리다　紙を切る 종이를 자르다

step 44

START

01

ほし

02

て

03

はら

04

てぶくろ

05

じどうしゃ

06

くし

ほし　て　はら　てぶくろ　じどうしゃ
星 별　手 손　腹 배　手袋 장갑　自動車 자동차　くし 빗

step 45
START

01
しゃがむ

02
ぼうしをかぶる

03
もっとおおきいこえでうたう

04
ゆかにひざまずく

05
くつにさわる

06
テーブルのうえにすわる

しゃがむ 쪼그리고 앉다　帽子を被る 모자를 쓰다　もっと大きい声で歌う 더 큰 소리로 노래하다
床に跪く 바닥에 무릎을 꿇다　靴に触る 신발을 만지다　テーブルの上に座る 테이블 위에 앉다

step 46
START

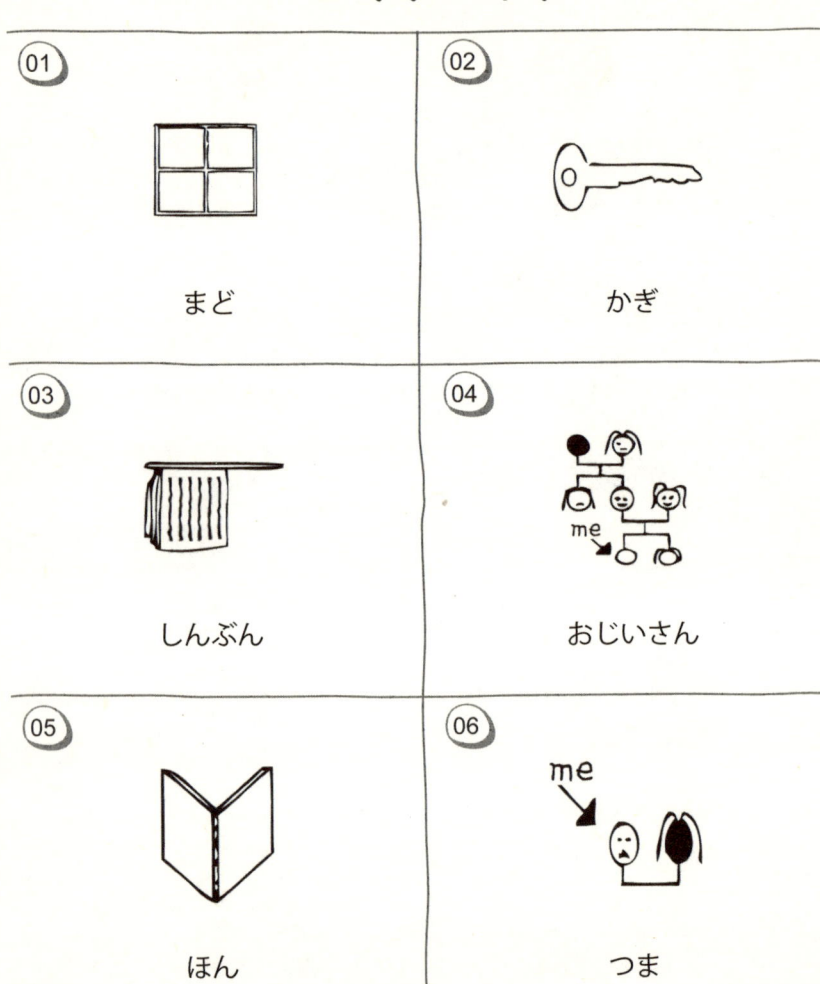

まど	かぎ
しんぶん	おじいさん
ほん	つま

窓 창 鍵 열쇠 新聞 신문 おじいさん 할아버지 本 책 妻 아내

step 47
START

(01)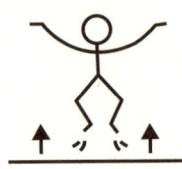
にかいジャンプする

(02)
いえのそとにでる

(03)
あかりをゆびさす

(04)
テーブルからキュウリをとる

(05)
あたまにさわる

(06)
りょううでをあげる

二回ジャンプする 두 번 점프하다　家の外に出る 집 밖으로 나오다　明りを指差す 전등을 가리키다
テーブルからキュウリを取る 테이블에서 오이를 집어 들다　頭に触る 머리를 만지다　両腕を上げる 양팔을 올리다

(07)  テーブルをおす	(08)  ジョンのあたまをたたく
(09)  すわる	(10)  テーブルのうえにはこをおく
(11)  あるく	(12) 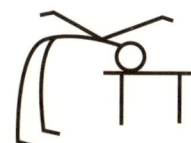 あたまをテーブルにつける

Go on to the next step!!

テーブルを押す 테이블을 밀다　ジョンの頭を叩く John의 머리를 때리다　座る 앉다　テーブルの上に箱を置く 테이블 위에 상자를 놓다　歩く 걷다　頭をテーブルにつける 머리를 테이블에 대다

step 48
START

(01)  アイスクリーム	(02)  やね
(03)  あし	(04)  ちいさいいえ
(05)  テーブルのうしろ	(06)  りんご

アイスクリーム 아이스크림　屋根(やね) 지붕　足(あし) 발　小さい家(ちいさい いえ) 작은 집　テーブルの後(うし)ろ 테이블의 뒤
りんご 사과

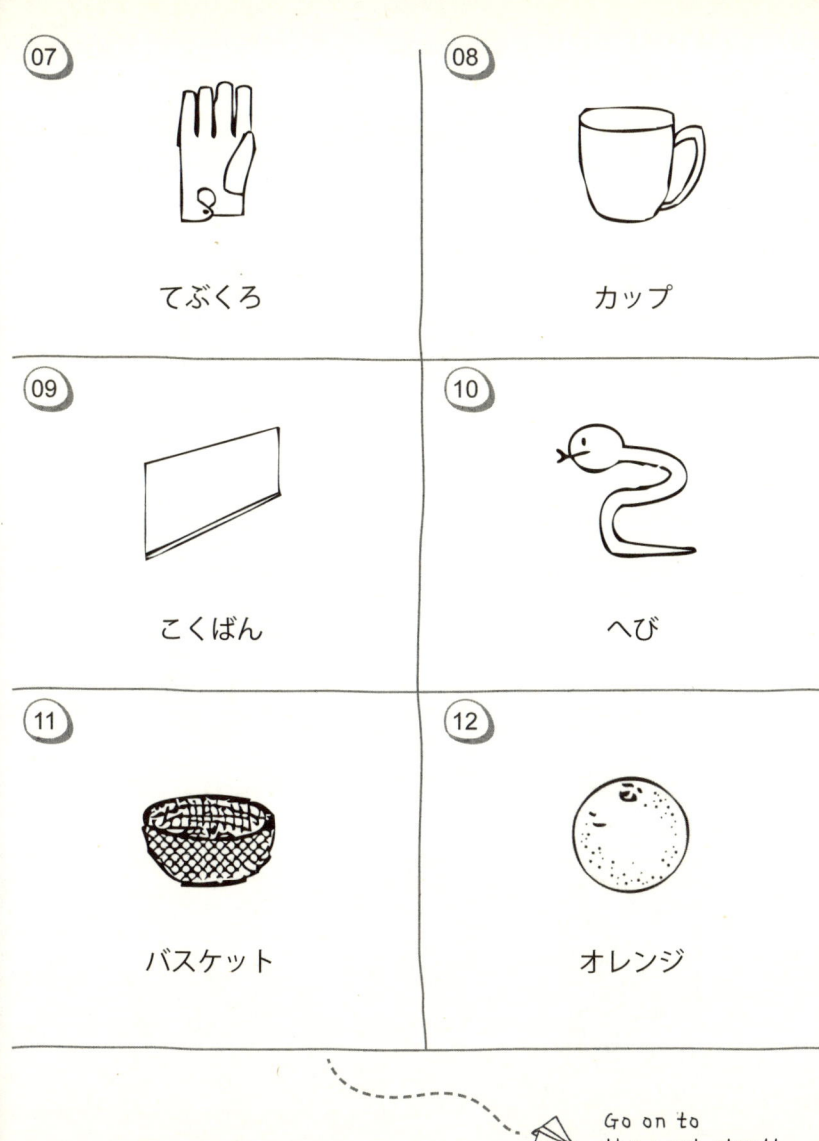

07 てぶくろ	08 カップ
09 こくばん	10 へび
11 バスケット	12 オレンジ

Go on to the next step!!

てぶくろ 手袋 장갑　カップ 컵　こくばん 黒板 칠판　へび 蛇 뱀　バスケット 바구니　オレンジ 오렌지

step 49
START

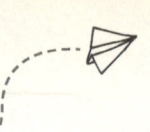

01

むすめ

02

キュウリをはこからだす

03

ジェフ、クリスティンを
だきしめる

04

せんせいにはくしゅする

05

ドアをあける

06

キュウリをはこのなかにいれる

<ruby>娘<rt>むすめ</rt></ruby> 딸 <ruby>キュウリを箱<rt>はこ</rt></ruby>から<ruby>出<rt>だ</rt></ruby>す 오이를 상자에서 꺼내다 ジェフ、Christineを<ruby>抱<rt>だ</rt></ruby>きしめる Jeff, Christine을 껴안다 <ruby>先生<rt>せんせい</rt></ruby>に<ruby>拍手<rt>はくしゅ</rt></ruby>する 선생님께 박수치다 ドアを<ruby>開<rt>あ</rt></ruby>ける 문을 열다 キュウリを<ruby>箱<rt>はこ</rt></ruby>の<ruby>中<rt>なか</rt></ruby>に<ruby>入<rt>い</rt></ruby>れる 오이를 상자 안에 넣다

07

ぼうしをとる

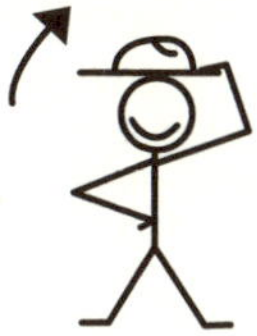

08

じぶんのなまえをけす

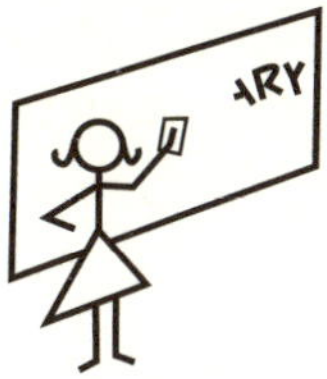

09

ぼうしをかぶる

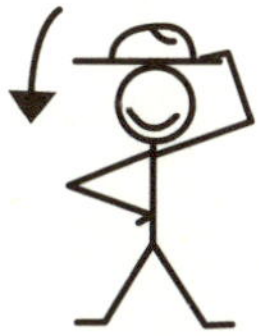

10

りょううでをひろげる

11

いえにはしっていく

12

あるく

Go on to the next step!!

帽子(ぼうし)を取(と)る 모자를 벗다 自分(じぶん)の名前(なまえ)を消(け)す 자기 이름을 지우다 帽子(ぼうし)を被(かぶ)る 모자를 쓰다 両腕(りょううで)を広(ひろ)げる 양팔을 펴다 家(いえ)に走(はし)って行(い)く 집으로 뛰어가다 歩(ある)く 걷다

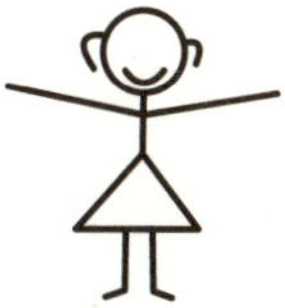

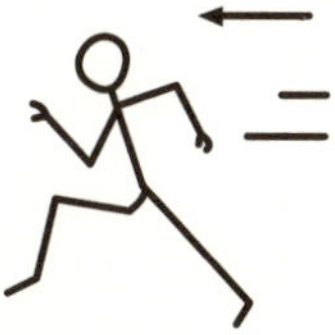

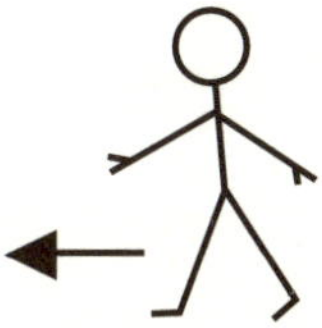

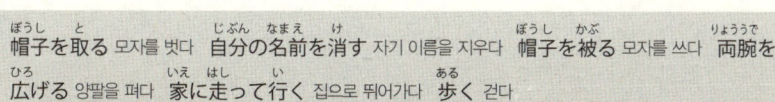

step 50
START

01
1
いち

02

かみ

03
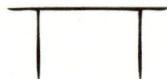
さかな

04

テーブル

05

パイナップル

06

いちご

一 (いち) 일　髪 (かみ) 머리카락　魚 (さかな) 물고기　テーブル 테이블　パイナップル 파인애플　いちご 딸기

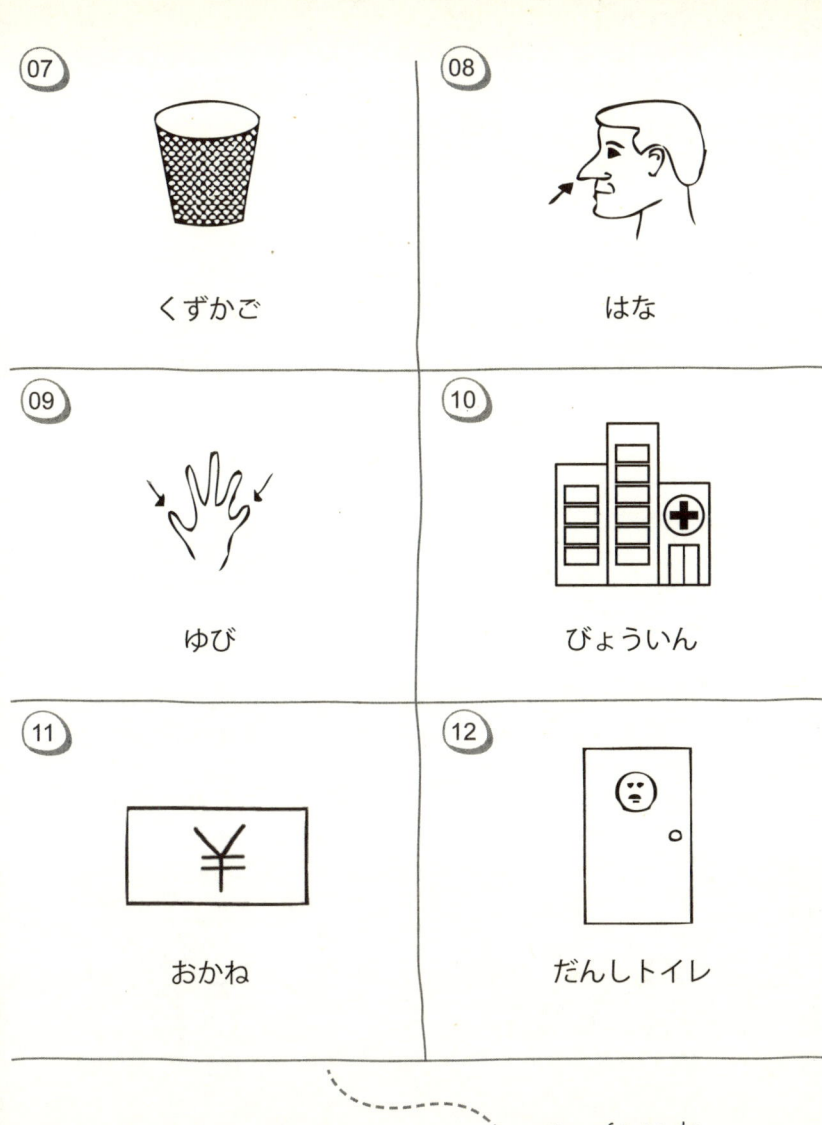

Lesson 9

step 51
START

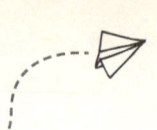

01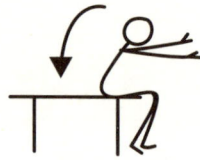

テーブルのうえにすわる

02

みずをのむ

03

ドアをしめる

04

ゆびでかずをかぞえる

05

かみをまく

06

ちいさいはこをとじる

テーブルの上に座る 테이블 위에 앉다　水を飲む 물을 마시다　ドアを閉める 문을 닫다　指で数を数える 손가락으로 수를 세다　紙を巻く 종이를 말다　小さい箱を閉じる 작은 상자를 닫다

오디오 QR 코드
Lesson 9

07
あしをバスケットのなかにいれる

08
みみをかく

09
うでをこうささせる

10
すわる

11
じぶんのいすにもどる

12
いえにはしっていく

Go on to the next step!!

足をバスケットの中に入れる 발을 바구니 안에 넣다　耳を掻く 귀를 긁다　腕を交差させる 팔을 교차하다　座る 앉다　自分の椅子に戻る 자기 의자로 돌아가다　家に走って行く 집으로 뛰어가다

step 52
START

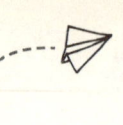

01

くつ

02
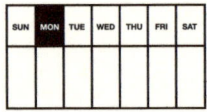
げつようび

03
4
し・よん

04

キュウリ

05

へび

06

ぎんこう

靴 신발　月曜日 월요일　四 사　キュウリ 오이　蛇 뱀　銀行 은행

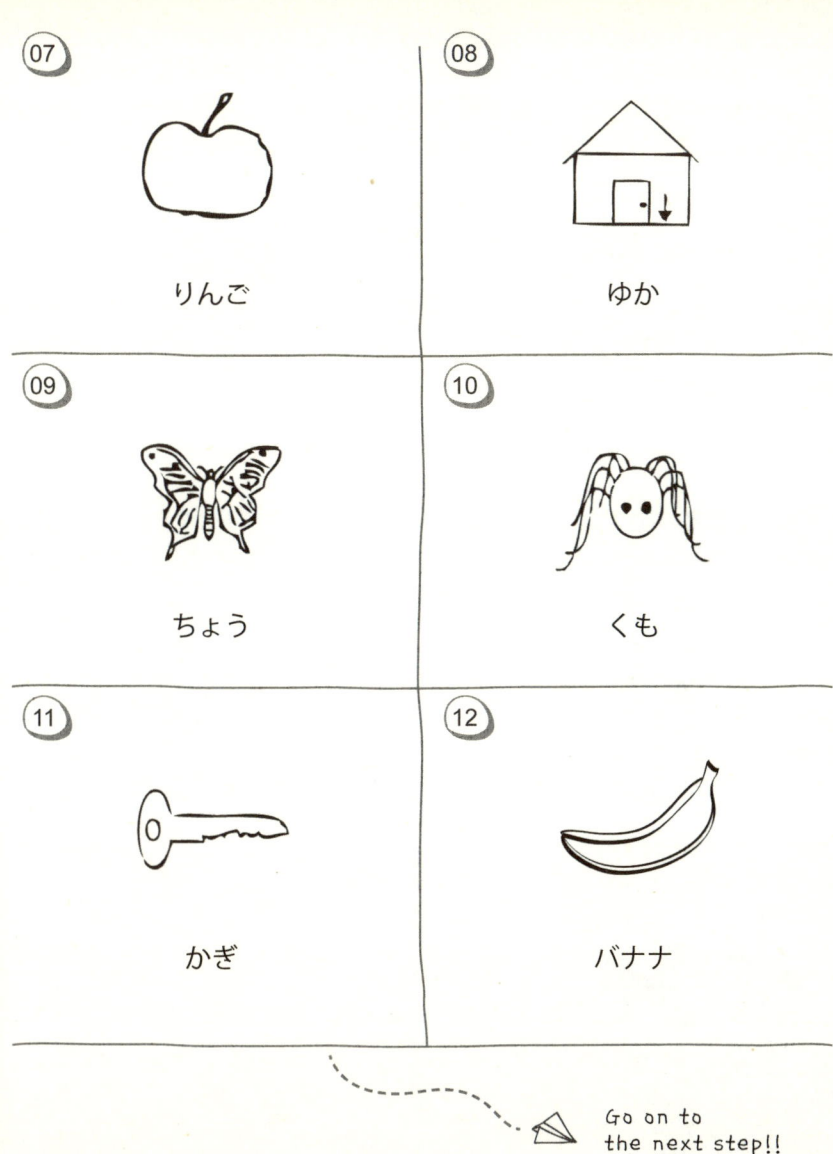

りんご 사과　床 ゆか 바닥　蝶 ちょう 나비　くも 거미　鍵 かぎ 열쇠　バナナ 바나나

step 53
START

01

じぶんのなまえをにどさけぶ

02

おんなをたかくもちあげる

03

にかいジャンプする

04

くつにさわる

05

キュウリをテーブルからとる

06

ぼうしをとる

自分の名前を二度叫ぶ 자기 이름을 두 번 외치다　女を高く持ち上げる 여자를 높이 들어 올리다
二回ジャンプする 두 번 점프하다　靴に触る 신발을 만지다　キュウリをテーブルから取る 오이를 테이블에서 집어 들다　帽子を取る 모자를 벗다

(07)  ゆびをうごかす	(08)  まわる
(09)  もっとおおきいこえでうたう	(10)  テーブルのしたにはいる
(11)  バスケットのなかにあしをいれる	(12)  ケントとあくしゅする

Go on to the next step!!

指を動かす 손가락을 움직이다　回る 돌다　もっと大きい声で歌う 더 큰 소리로 노래하다　テーブルの下に入る 테이블 밑으로 들어가다　バスケットの中に足を入れる 바구니 안에 발을 넣다　ケントと握手する Kent와 악수하다

step 54
START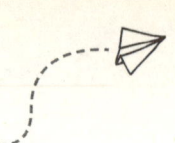

01  ぶどう	02 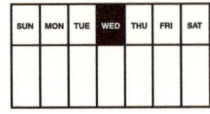 すいようび
03  うま	04  みせ
05  かえる	06  がくせいのつくえ

ぶどう 葡萄 포도   すいようび 水曜日 수요일   うま 馬 말   みせ 店 가게   かえる 蛙 개구리   がくせいのつくえ 学生の机 학생 책상

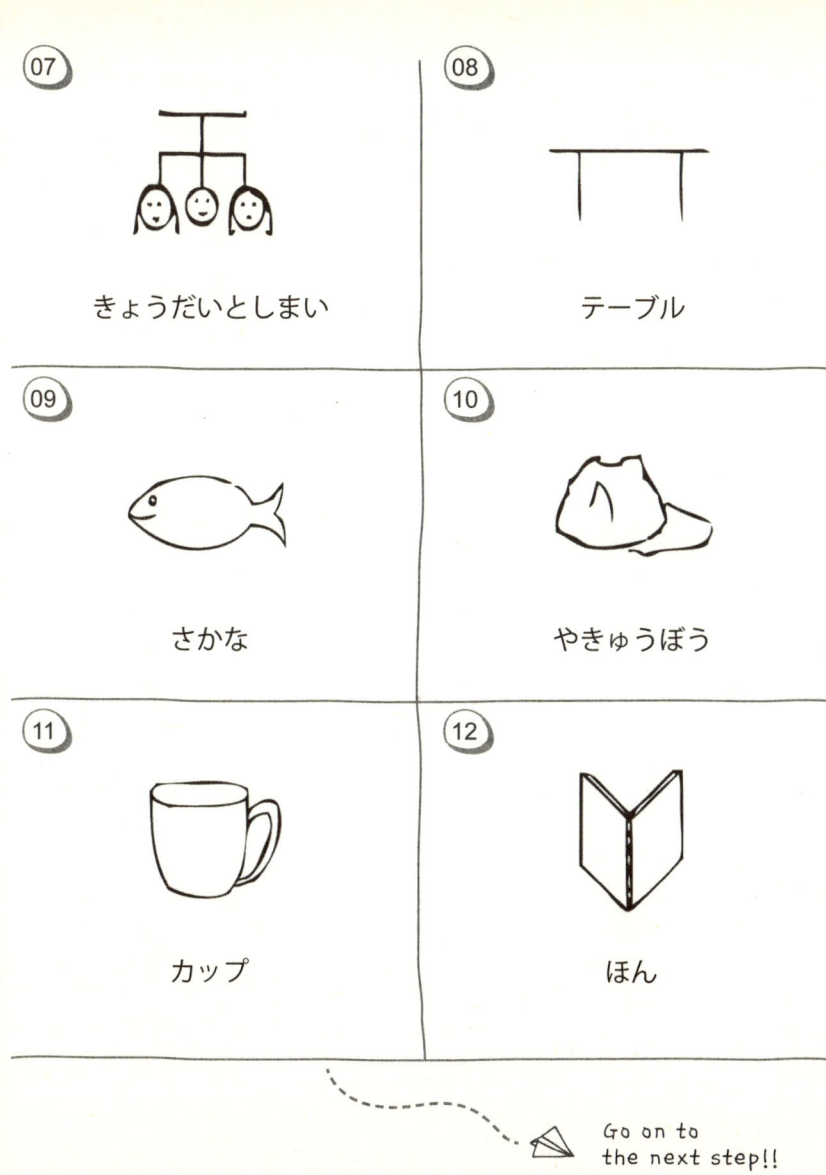

step 55
START

01

せんせいにはくしゅする

02

うでをさげる

03

じぶんのなまえをにどさけぶ

04

あかりをゆびさす

05

ぼうしをかぶる

06

いえのそとにでる

せんせい はくしゅ
先生に拍手する 선생님께 박수치다　　腕(うで)を下(さ)げる 팔을 내리다　　自分(じぶん)の名前(なまえ)を二度叫(にどさけ)ぶ 자기 이름을 두 번 외치다　　明(あか)りを指差(ゆびさ)す 전등을 가리키다　　帽子(ぼうし)を被(かぶ)る 모자를 쓰다　　家(いえ)の外(そと)に出(で)る 집 밖으로 나가다

07 うえにたつ	08 いすにさわる
09 かみをきる	10 ゆかにひざまずく
11 あかりをつける	12 みずをのむ

Go on to the next step!!

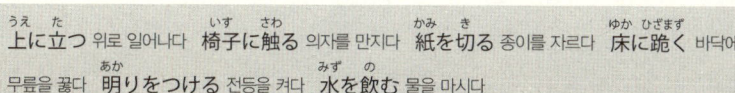

上に立つ 위로 일어나다　椅子に触る 의자를 만지다　紙を切る 종이를 자르다　床に跪く 바닥에 무릎을 꿇다　明りをつける 전등을 켜다　水を飲む 물을 마시다

step 56
START

01 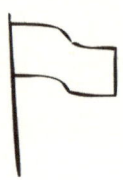 はた	02  いぬ
03  としょかん	04  ゴミばこ
05  くし	06  あし

旗 깃발　犬 개　図書館 도서관　ゴミ箱 쓰레기통　くし 빗　脚 다리

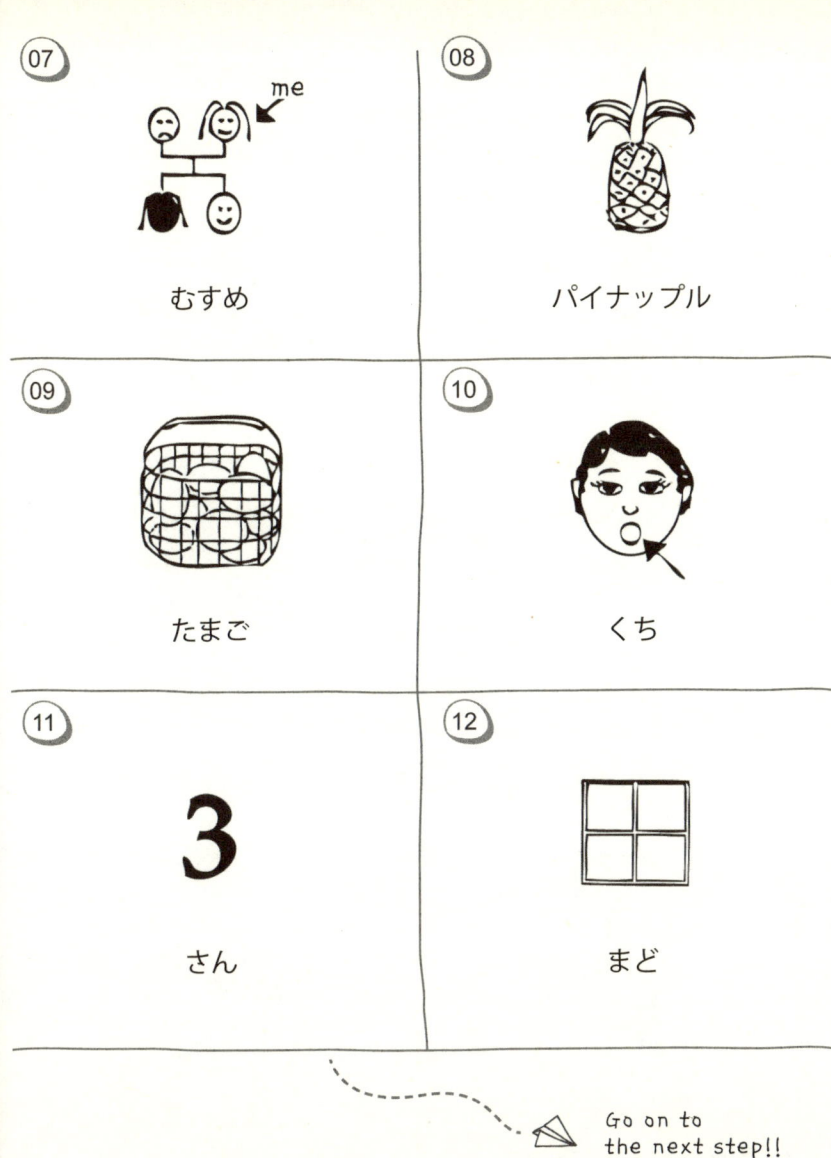

07	むすめ
08	パイナップル
09	たまご
10	くち
11	さん
12	まど

Go on to the next step!!

娘 딸　パイナップル 파인애플　卵 계란　口 입　三 삼　窓 창문

step 57

START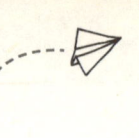

01  すわる	02  かみをきる
03  かみをまく	04  ぼうしをかぶる
05  しゃがむ	06  テーブルにはこをおく

座る 앉다　紙を切る 종이를 자르다　紙を巻く 종이를 말다　帽子を被る 모자를 쓰다　しゃがむ 쪼그리고 앉다　テーブルに箱を置く 테이블에 상자를 두다

(07)  もっとおおきいこえでうたう	(08)  はこからキュウリをだす
(09)  テーブルのしたにはいる	(10)  はらをかく
(11)  ジェフ、クリスティンを だきしめる	(12)  こくばんにじぶんのなまえをかく

 Go on to the next step!!

もっと大きい声で歌う 더 큰 소리로 노래하다　箱からキュウリを出す 상자에서 오이를 꺼내다
テーブルの下に入る 테이블 밑으로 들어가다　腹を掻く 배를 긁다　ジェフ、クリスティンを抱きしめる Jeff, Christine을 껴안다　黒板に自分の名前を書く 칠판에 자기 이름을 쓰다

step 58
START

01 ゴミばこ	02 ペン
03 くつ	04 なし
05 つくえ	06 ねこ

ゴミ箱(ばこ) 쓰레기통 ペン 펜 靴(くつ) 신발 梨(なし) 배 机(つくえ) 책상 猫(ねこ) 고양이

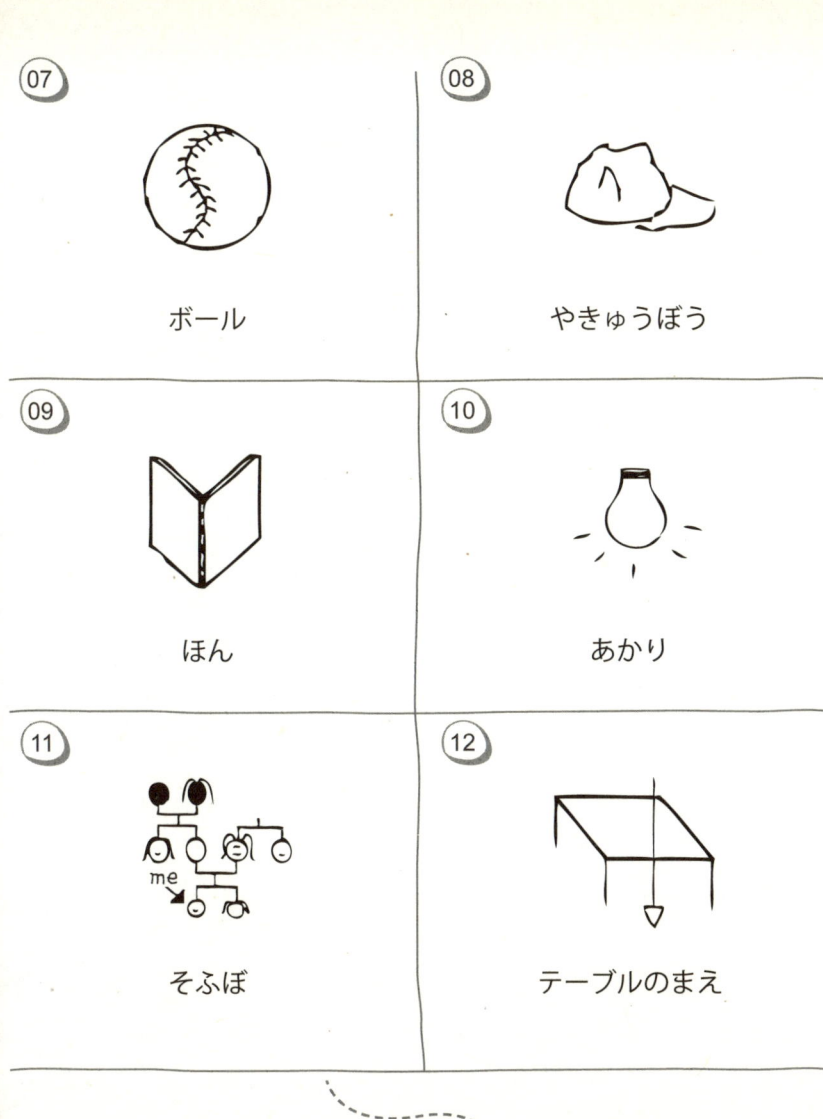

07 ボール	08 やきゅうぼう
09 ほん	10 あかり
11 そふぼ	12 テーブルのまえ

Go on to the next step!!

ボール 공　野球帽(やきゅうぼう) 야구 모자　本(ほん) 책　明(あか)り 전등　祖父母(そふぼ) 조부모　テーブルの前(まえ) 테이블 앞

step 59
START

(01) みずをのむ	(02)  ゆかをゆびさす
(03)  こくばんにいえをえがく	(04)  じぶんのいすにもどる
(05)  うでをあげる	(06)  バスケットにキュウリをいれる

水を飲む 물을 마시다　床を指差す 바닥을 가리키다　黒板に家を描く 칠판에 집을 그리다　自分の椅子に戻る 자신의 의자로 돌아가다　腕を上げる 팔을 올리다　バスケットにキュウリを入れる 바구니에 오이를 넣다

step 60
START

01 うま	02 どようび
03 かみ	04 きょうかい
05 くずかご	06 グラス

馬(うま) 말　土曜日(どようび) 토요일　髪(かみ) 머리카락　教会(きょうかい) 교회　くずかご 휴지통　グラス 유리잔

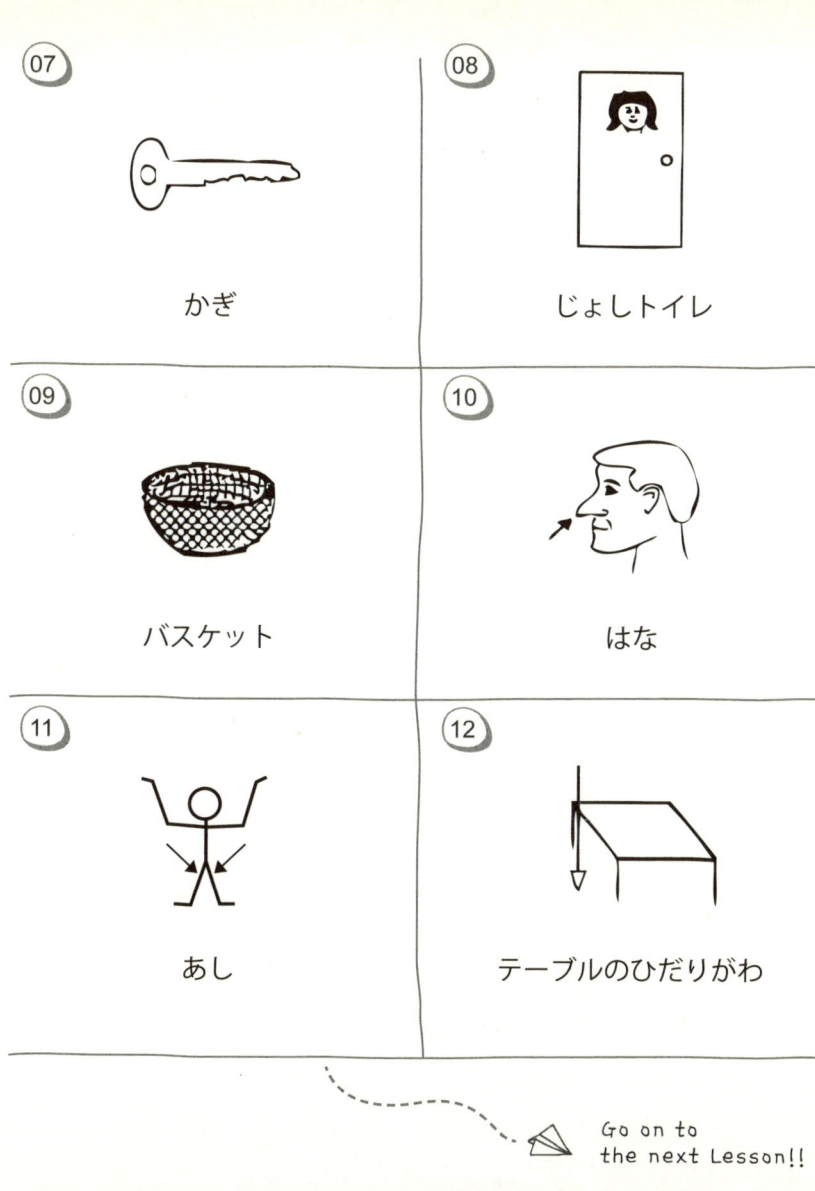

세상에서 제일 쉬운
일본어책 ♪

CHAPTER 3

Lesson 10 Step 01-10

Lesson 11 Step 11-20

Lesson 12 Step 21-30

Lesson 13 Step 31-40

Lesson 14 Step 41-50

Lesson 10

step 01
START

01  かいだんをはやくのぼる	02  あたまにさわる
03  まわる	04  テーブルをもちあげる
05  はらをかく	06  くつにさわる

かいだん はや のぼ
階段を速く上る 계단을 빨리 올라가다　あたま さわ
頭に触る 머리를 만지다　まわ
回る 돌다　テーブルを持ち上げる も あ
 테이블을 들어 올리다　はら か
腹を掻く 배를 긁다　くつ さわ
靴に触る 신발을 만지다

07  テーブルのうえにはこをおく	08  テーブルのしたにはいる
09  アイスクリームをたべる	10  いえにはいる
11  ゆびでかずをかぞえる	12  きょうじゅにけいれいする

Go on to the next step!!

テーブルの上に箱を置く 테이블 위에 상자를 놓다 テーブルの下に入る 테이블 밑에 들어가다 アイスクリームを食べる 아이스크림을 먹다 家に入る 집 안으로 들어가다 指で数を数える 손가락으로 수를 세다 教授に敬礼する 교수님께 경례하다

step 02
START

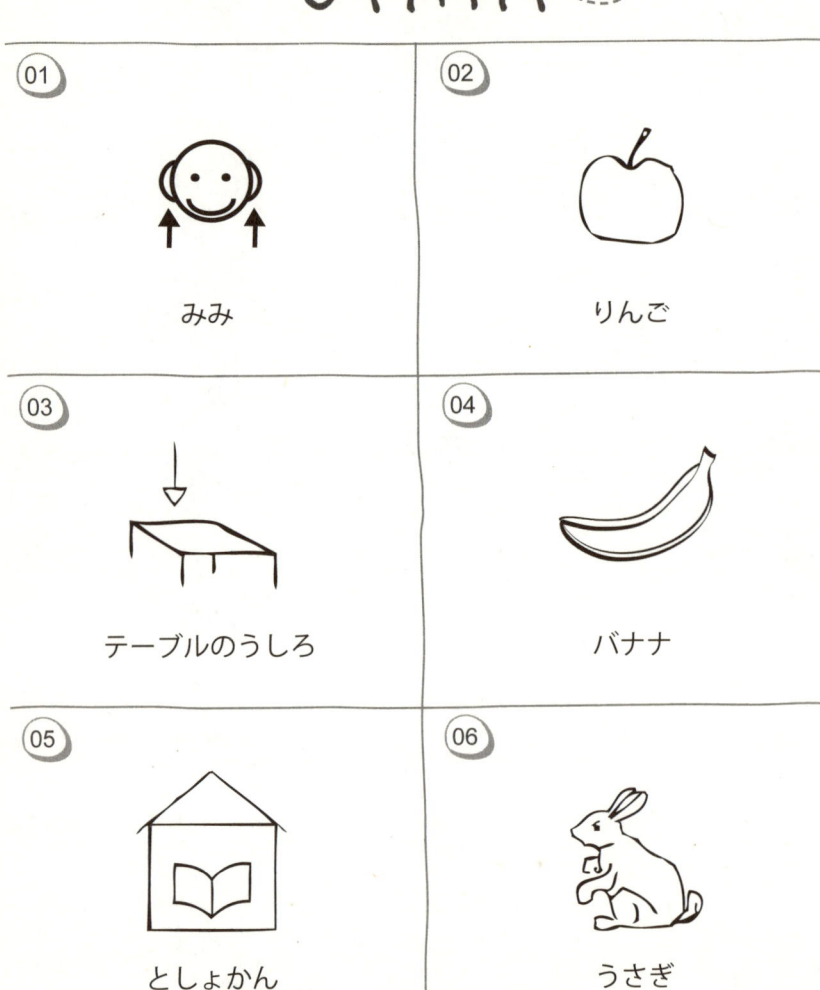

耳 귀　りんご 사과　テーブルの後ろ 테이블 뒤　バナナ 바나나　図書館 도서관　兎 토끼

スプーン 스푼　店 가게　ワイングラス 와인글라스　爪 손톱　娘 딸　懐中電灯 손전등

step 03
START

①
はやくあるく

②
りょううでをあげる

③
はしごからおりる

④
ちいさいはこをとじる

⑤
こくばんにじぶんのなまえをかく

⑥
タンクをみたす

速く歩く 빨리 걷다　両腕を上げる 양팔을 올리다　はしごから降りる 사다리에서 내려오다　小さい箱を閉じる 작은 상자를 닫다　黒板に自分の名前を書く 칠판에 자기 이름을 쓰다　タンクを満たす 기름을 채우다

スティーブをつれていく

いえにはしっていく

うでをこうささせる

あかりをけす

ちちおやにでんわする

いすのうえにたつ

 Go on to the next step!!

スティーブを連れて行く Steveを데려가다　家に走って行く 집으로 달려가다　腕を交差させる 팔을 교차하다　明りを消す 전등을 끄다　父親に電話する 아버지에게 전화하다　椅子の上に立つ 의자 위에 올라서다

step 04
START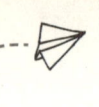

01  あし	02 さんかくけい
03  むしめがね	04  ほうき
05 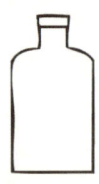 ボトル	06  さら

あし　さんかくけい　むしめがね　　　　さら
足 발　三角形 삼각형　虫眼鏡 돋보기　ほうき 빗자루　ボトル 병　皿 접시

⑦ とり	⑧ **17** じゅうしち・じゅうなな
⑨ りす	⑩ しょうぞうが
⑪ はいぐうしゃ	⑫ ナプキン

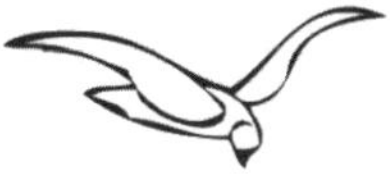

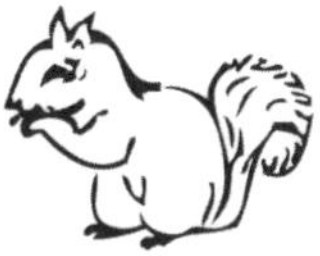

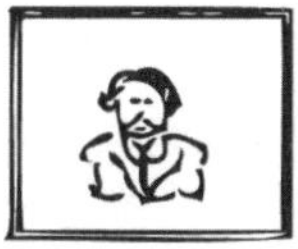

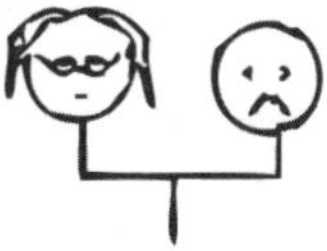

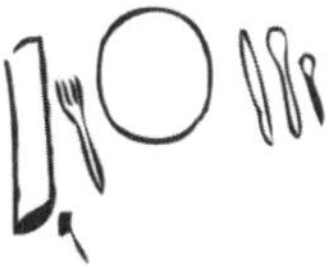

Go on to the next step!!

とり　じゅうしち・じゅうなな　　　しょうぞうが　はいぐうしゃ
鳥 새　十七 십칠　りす 다람쥐　肖像画 초상화　配偶者 배우자　ナプキン 냅킨

step 05
START

(01)
ちちおやにでんわする

(02)
かみをひろげる

(03)
しゃがむ

(04)
せんせいにはくしゅする

(05)
ロジータのかみをひっぱる

(06)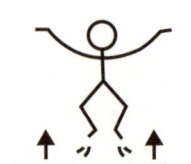
にかいジャンプする

父親に 電話する 아버지에게 전화하다　紙を広げる 종이를 풀다　しゃがむ 쪼그리고 앉다　先生に拍手する 선생님께 박수치다　ロジータの髪を引っ張る Rosita의 머리를 잡아당기다　二回ジャンプする 두 번 점프하다

⑦  メアリー、アンディにキスする	⑧  ゆかでねる
⑨  かみをまく	⑩  ぼうしをかぶる
⑪  あかりをけす	⑫  うたをくちぶえでふく

Go on to the next step!!

メアリー、アンディにキスする Mary, Andy에게 키스하다　床で寝る 바닥에서 자다　紙を巻く 종이를 말다　帽子を被る 모자를 쓰다　明りを消す 전등을 끄다　歌を口笛で吹く 휘파람으로 노래를 부르다

step 06
START

01  かさ	02  ナプキン
03 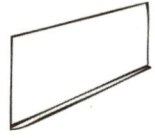 こくばん	04  ゆび
05  ナイフ	06  ティースプーン

_{かさ}傘 우산　ナプキン 냅킨　_{こくばん}黒板 칠판　_{ゆび}指 손가락　ナイフ 나이프　ティースプーン 티스푼

07 こども	08 はしご
09 うさぎ	10 め
11 ブラウス	12 つくえ

Go on to the next step!!

子供 자녀　はしご 사다리　兎 토끼　目 눈　ブラウス 블라우스　机 책상

step 07
START

01  テーブルにあたまをつける	02  ぼうしをとる
03  ロジータのかみをひっぱる	04  ゆかからキュウリをひろう
05  ちいさいいすをもちあげる	06  ジムのうでをつかむ

テーブルに頭をつける 테이블에 머리를 대다　帽子を取る 모자를 벗다　ロジータの髪を引っ張る Rosita의 머리를 잡아당기다　床からキュウリを拾う 바닥에서 오이를 줍다　小さい椅子を持ち上げる 작은 의자를 들어 올리다　ジムの腕を掴む Jim의 팔을 잡다

07	08

まどをふく	ちいさいはこをとじる

09	10
あかりをゆびさす	ロールペーパーをにぎりつぶす

11	12

しゃしんをみせる	うたをくちぶえでふく

Go on to the next step!!

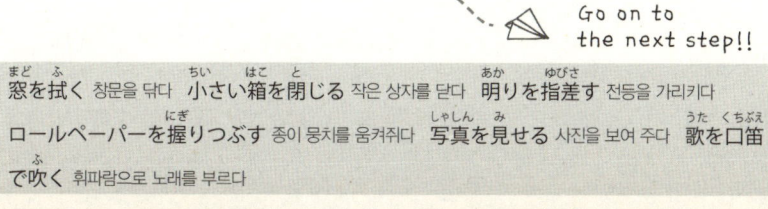

窓を拭く 창문을 닦다　小さい箱を閉じる 작은 상자를 닫다　明りを指差す 전등을 가리키다
ロールペーパーを握りつぶす 종이 뭉치를 움켜쥐다　写真を見せる 사진을 보여 주다　歌を口笛
で吹く 휘파람으로 노래를 부르다

step 08
START

01
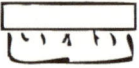

こくばんふき

02

くずかご

03

ちいさいいす

04

ふたつのテーブルのあいだ

05

テーブルのまえ

06

かべ

黒板ふき 칠판 지우개　くずかご 휴지통　小さい椅子 작은 의자　二つのテーブルの間 두 테이블 사이　テーブルの前 테이블 앞　壁 벽

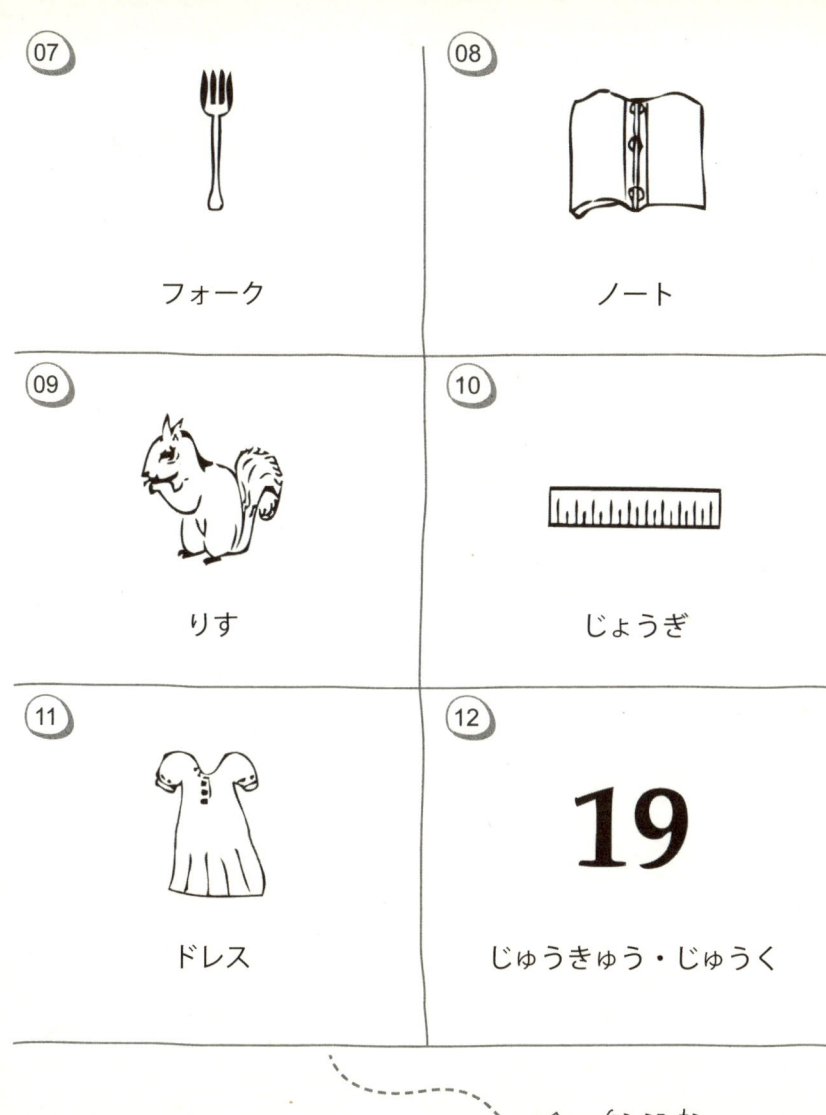

07 フォーク	08 ノート
09 りす	10 じょうぎ
11 ドレス	12 じゅうきゅう・じゅうく

Go on to the next step!!

フォーク 포크 ノート 노트 りす 다람쥐 じょうぎ 자 ドレス 드레스 十九 (じゅうきゅう・じゅうく) 십구

step 09
START

01
ちいさいはこをとじる

02
いえにはしっていく

03
キュウリをくれる

04
いえのなかにはいる

05
メアリー、アンディにキスする

06
ろうそくにひをつける

小さい箱を閉じる 작은 상자를 닫다　家に走って行く 집으로 뛰어가다　キュウリをくれる 오이를 주다　家の中に入る 집 안으로 들어가다　メアリー、アンディにキスする Mary, Andy에게 키스하다
ろうそくに火をつける 초에 불을 붙이다

07  いすのうえにたつ	08  きょうじゅにけいれいする
09  ジムのうでをつかむ	10  ゆっくりあくびをする
11  せんせいにはくしゅする	12  ゆかをはく

Go on to the next step!!

椅子の上に立つ 의자 위에 올라서다　教授に敬礼する 교수님께 경례하다　ジムの腕を掴む Jim의 팔을 잡다　ゆっくりあくびをする 천천히 하품을 하다　先生に拍手する 선생님께 박수치다　床を掃く 바닥을 쓸다

step 10 START

01	02
 ナプキン	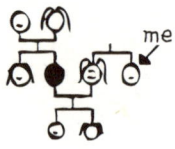 ぎりのきょうだい
03	04
 てぶくろ	 みみ
05	06
 おかね	 イヤリング

ナプキン 냅킨　義理の兄弟(ぎりのきょうだい) 여자 형제의 남편 (매형·매제)　手袋(てぶくろ) 장갑　耳(みみ) 귀　お金(かね) 돈　イヤリング 귀고리

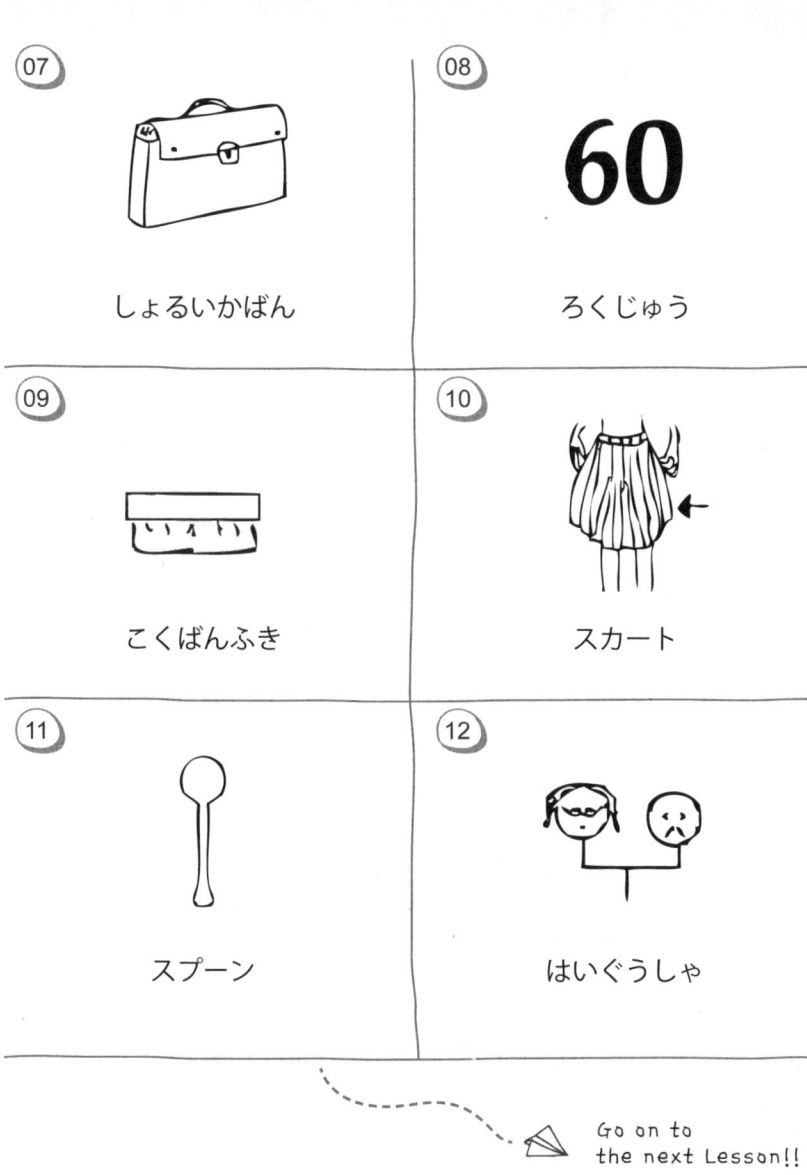

07 しょるいかばん	08 ろくじゅう
09 こくばんふき	10 スカート
11 スプーン	12 はいぐうしゃ

Go on to the next Lesson!!

書類鞄 しょるいかばん 서류 가방　**六十** ろくじゅう 육십　**黒板ふき** こくばんふき 칠판지우개　**スカート** 스커트　**スプーン** 스푼　**配偶者** はいぐうしゃ 배우자

Lesson 11

step 11
START

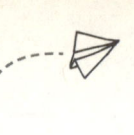

01

はやくひげをそる

02

りょううでをひろげる

03

ぼうしをとる

04

まわる

05

テーブルのうえのバスケットを
からにする

06

うでをこうささせる

速く髭を剃る 빨리 면도하다　両腕を広げる 양팔을 펴다　帽子を取る 모자를 벗다　回る 돌다　テーブルの上のバスケットを空にする 테이블 위의 바구니를 비우다　腕を交差させる 팔을 교차하다

오디오 QR 코드
Lesson 11

グラスにみずをそそぐ

タンクをみたす

ロールペーパーをにぎりつぶす

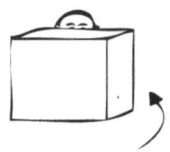

はこのうしろにかくれる

アイスクリームをたべる

ローラとダンスする

Go on to
the next step!!

グラスに水を注ぐ 유리잔에 물을 붓다　タンクを満たす 기름을 채우다　ロールペーパーを握りつぶす 종이 뭉치를 움켜쥐다　箱の後ろに隠れる 상자 뒤에 숨다　アイスクリームを食べる 아이스크림을 먹다　ローラとダンスする Lola와 춤추다

step 12
START

01
ズボン

02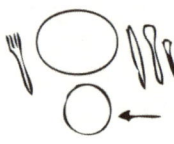
とりざら

03
うま

04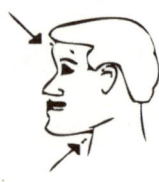
かお

05
ちょう

06
ナイフ

ズボン 바지　取り皿 앞접시　馬 말　顔 얼굴　蝶 나비　ナイフ 나이프

07  ひだりめでウインクする	08  しょうぞうが
09 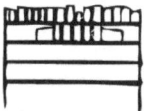 ほんだな	10 **50** ごじゅう
11  はしご	12  なし

Go on to the next step!!

左目(ひだりめ)でウインクする 왼쪽 눈으로 윙크하다　肖像画(しょうぞうが) 초상화　本棚(ほんだな) 책장　五十(ごじゅう) 오십　はしご 사다리　梨(なし) 배

step 13
START

(01)  きょうじゅにけいれいする	(02)  テーブルのうえのバスケットを からにする
(03)  したをだす	(04)  キュウリをくれる
(05)  ゆかでねる	(06)  かみをとかす

教授に敬礼する 교수님께 경례하다　**テーブルの上のバスケットを空にする** 테이블 위의 바구니를 비우다　**舌を出す** 혀를 내밀다　**キュウリをくれる** 오이를 주다　**床で寝る** 바닥에서 자다　**髪をとかす** 머리를 빗다

07  まどをふく	08  かみをひろげる
09  バスケットにあしをいれる	10  しゃしんをみせる
11  ローラとダンスする	12  せんせいにはくしゅする

Go on to the next step!!

窓を拭く 창문을 닦다　紙を広げる 종이를 풀다　バスケットに足を入れる 바구니에 발을 넣다　写真を見せる 사진을 보여 주다　ローラとダンスする Lola와 춤추다　先生に拍手する 선생님께 박수치다

step 14
START

01

イヤリング

02
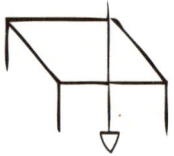
テーブルのまえ

03

ティースプーン

04

おじいさん

05

かがみ

06

かお

イヤリング 귀고리　テーブルの前 테이블 앞　ティースプーン 티스푼　おじいさん 할아버지　鏡 거울　顔 얼굴

じょうぎ 자　三角形(さんかくけい) 삼각형　髪(かみ) 머리카락　書類鞄(しょるいかばん) 서류 가방　ブラウス 블라우스　テーブルの後(うし)ろ 테이블 뒤

step 15
START

01

ぼうしをかぶる

02

かみをまく

03

えいごのほんをよむ

04

タンクをみたす

05

りょううでをひろげる

06

ジョンのあたまをたたく

帽子を被る 모자를 쓰다　紙を巻く 종이를 말다　英語の本を読む 영어 책을 읽다　タンクを満たす 기름을 채우다　両腕を広げる 양팔을 펴다　ジョンの頭を叩く John의 머리를 때리다

07  メアリー、アンディとキスする	08  グラスにみずをそそぐ
09  ロールペーパーをにぎりつぶす	10  ゆかからキュウリをひろう
11  はやくあるく	12  はやくかいだんをのぼる

 Go on to the next step!!

メアリー、アンディとキスする Mary, Andy와 키스하다　グラスに水(みず)を注(そそ)ぐ 유리잔에 물을 붓다
ロールペーパーを握(にぎ)りつぶす 종이 뭉치를 움켜쥐다　床(ゆか)からキュウリを拾(ひろ)う 바닥에서 오이를 줍다
速(はや)く歩(ある)く 빨리 걷다　速(はや)く階段(かいだん)を上(のぼ)る 빨리 계단을 올라가다

step 16
START

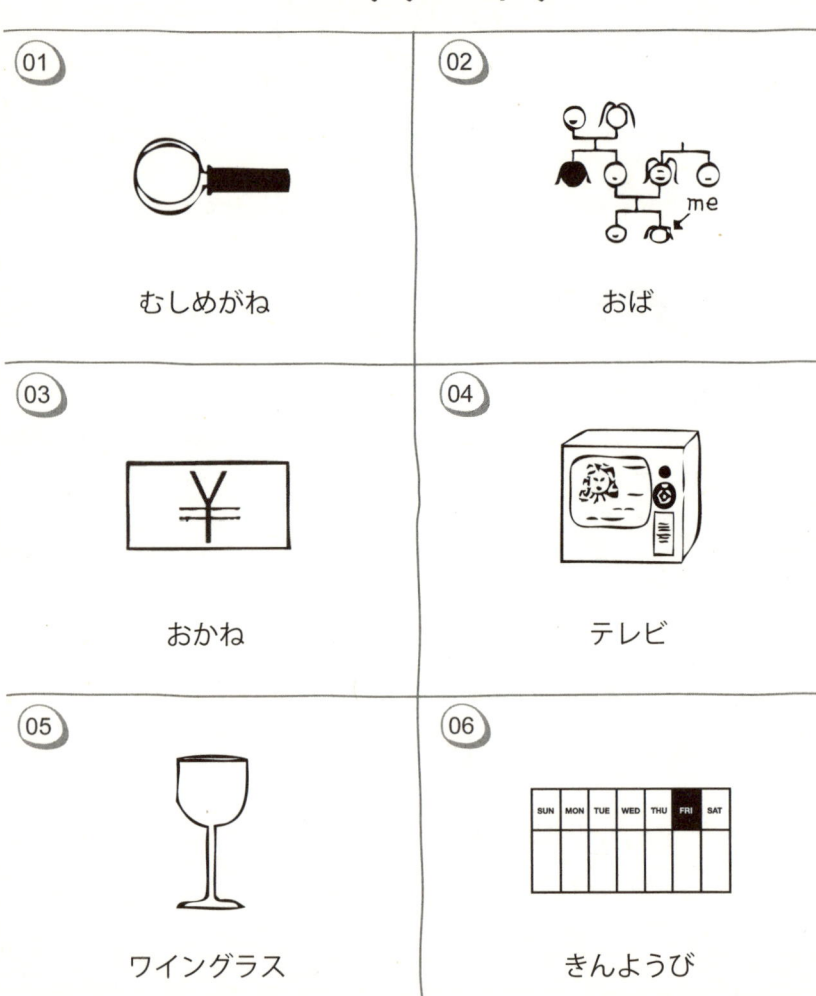

| むしめがね | 虫眼鏡 돋보기 | おば 고모 | お金 돈 | テレビ 텔레비전 | ワイングラス 와인글라스 | 金曜日 금요일 |

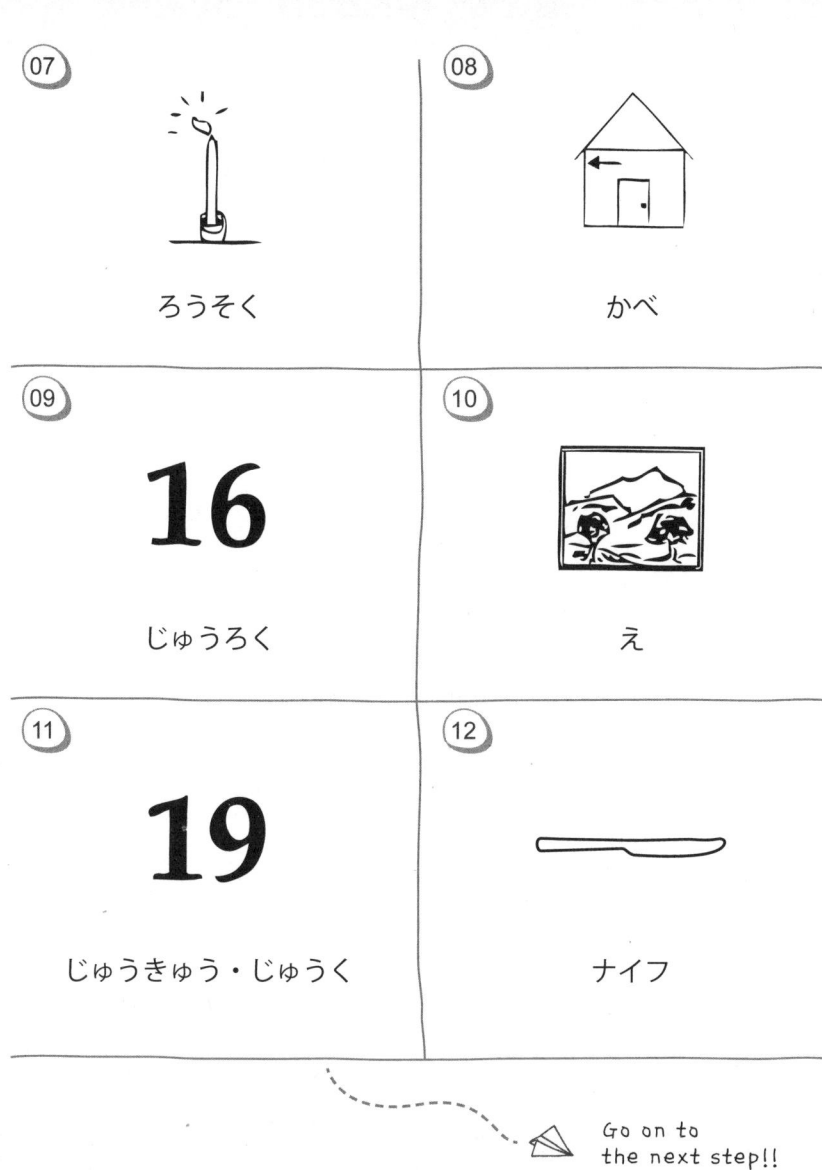

07 ろうそく	08 かべ
09 じゅうろく	10 え
11 じゅうきゅう・じゅうく	12 ナイフ

Go on to the next step!!

ろうそく 양초　かべ 壁 벽　じゅうろく 十六 십육　え 絵 그림　じゅうきゅう・じゅうく 十九 십구　ナイフ 나이프

step 17
START

01

にかいジャンプする

02

かみをひろげる

03

ケントとあくしゅする

04

じぶんのなまえをにどさけぶ

05

きょうじゅにけいれいする

06

グラスにみずをそそぐ

二回ジャンプする 두 번 점프하다　紙を広げる 종이를 펼치다　ケントと握手する Kent와 악수하다
自分の名前を二度叫ぶ 자기 이름을 두 번 외치다　教授に敬礼する 교수님께 경례하다　グラスに水を注ぐ 유리잔에 물을 붓다

07 はやくひげをそる	08 りょううでをひろげる
09 はやくあるく	10 ゆかをはく
11 てをあらう	12 まどをふく

Go on to the next step!!

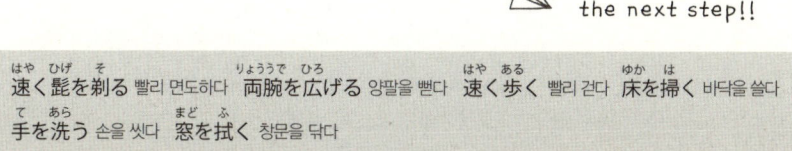

速く髭を剃る 빨리 면도하다　両腕を広げる 양팔을 뻗다　速く歩く 빨리 걷다　床を掃く 바닥을 쓸다
手を洗う 손을 씻다　窓を拭く 창문을 닦다

step 18
START

01 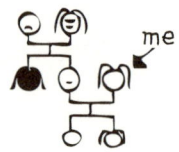 ぎりのしまい	02  せなか
03  がくせいのつくえ	04  ちいさいいす
05 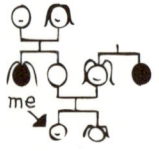 おばとおじ	06 **11** じゅういち

義理の姉妹 배우자의 여자 형제 背中 등 学生の机 학생 책상 小さい椅子 작은 의자 おばとおじ 고모와 외삼촌 十一 십일

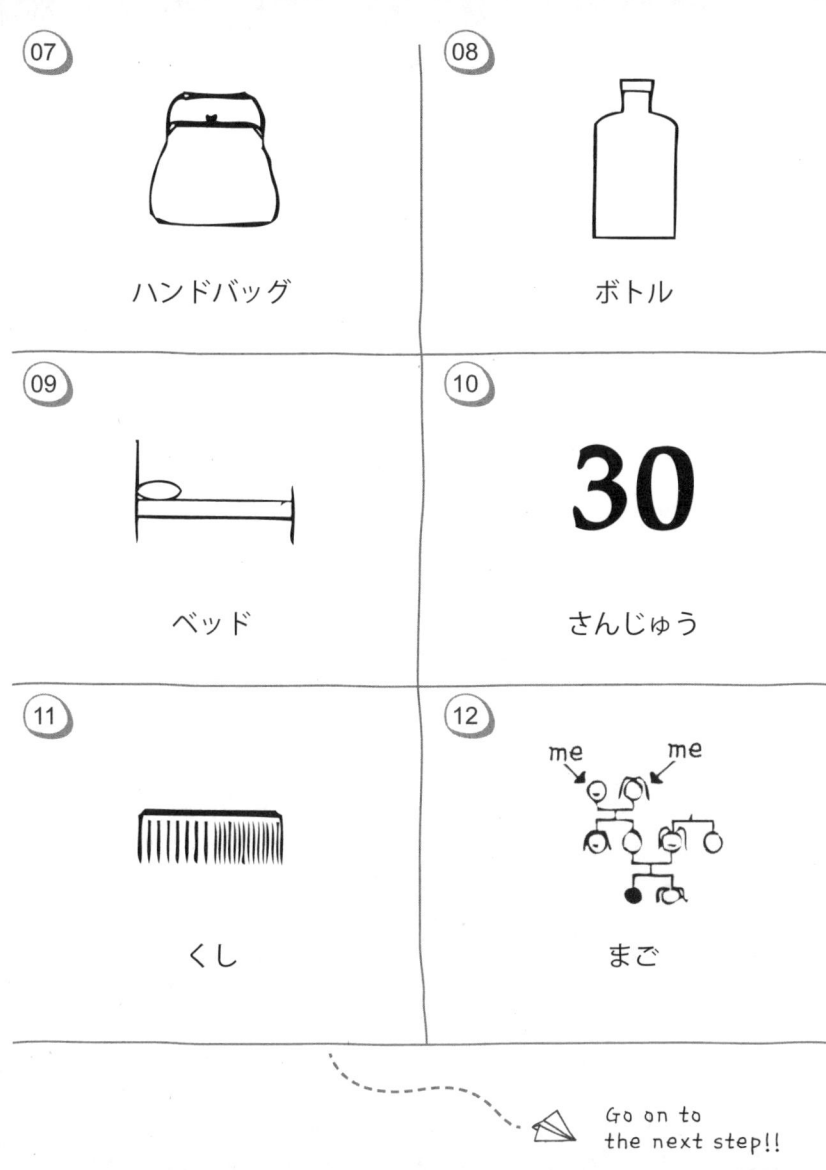

ハンドバッグ 핸드백 ボトル 병 ベッド 침대 三十 삼십 くし 빗 孫 손자

step 19 START

01
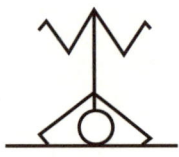
あたまでたつ

02

ゆびでかずをかぞえる

03

いえのなかにはいる

04

テーブルのうえのバスケットを
からにする

05

もっとおおきいこえでうたう

06
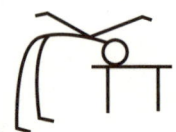
あたまをテーブルにつける

頭で立つ 머리로 서다　指で数を数える 손가락으로 수를 세다　家の中に入る 집 안으로 들어가다
テーブルの上のバスケットを空にする 테이블 위의 바구니를 비우다　もっと大きい声で歌う
더 큰 소리로 노래하다　頭をテーブルにつける 머리를 테이블에 대다

 うでをこうささせる	 ぼうしをとる
 スティーブをつれていく	 テーブルにいぬをつなぐ
 えいごのほんをよむ	 メアリー、アンディにキスする

Go on to the next step!!

腕を交差させる 팔을 교차하다　帽子を取る 모자를 벗다　スティーブを連れて行く Steve를 데려가다　テーブルに犬を繋ぐ 테이블에 개를 묶다　英語の本を読む 영어 책을 읽다　メアリー、アンディにキスする Mary, Andy에게 키스하다

step 20
START

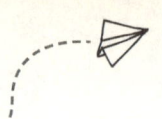

01

ひこうき

02
スプーン

03

とり

04

いぬ

05

シャツ

06

ほんだな

飛行機(ひこうき) 비행기　スプーン 스푼　鳥(とり) 새　犬(いぬ) 개　シャツ 셔츠　本棚(ほんだな) 책장

Lesson 12

step 21
START

01
うでをこうささせる

02
しゃしんをみせる

03
いすのうえにたつ

04
ゆかをはく

05
きょうじゅにけいれいする

06
タンクをみたす

腕を交差させる 팔을 교차하다　写真を見せる 사진을 보여 주다　椅子の上に立つ 의자 위에 서다
床を掃く 바닥을 쓸다　教授に敬礼する 교수님께 경례하다　タンクを満たす 기름을 채우다

07

じぶんのいすにもどる

08

アイスクリームをたべる

09

りょううでをひろげる

10

ふうせんをふくらませる

11

ろうそくにひをつける

12

テーブルのうえにはこをおく

 Go on to the next step!!

自分の椅子に戻る 자기 의자로 돌아가다　アイスクリームを食べる 아이스크림을 먹다　両腕を広げる 양팔을 펴다　風船を膨らませる 풍선을 불다　ろうそくに火をつける 촛불을 켜다　テーブルの上に箱を置く 테이블 위에 상자를 두다

step 22
START
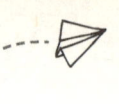

01  ちょう	02 **30** さんじゅう
03  かさ	04 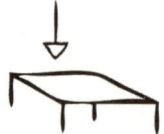 テーブルのうしろ
05  めがね	06 **40** よんじゅう

蝶 나비　三十 삼십　傘 우산　テーブルの後ろ 테이블 뒤　眼鏡 안경　四十 사십

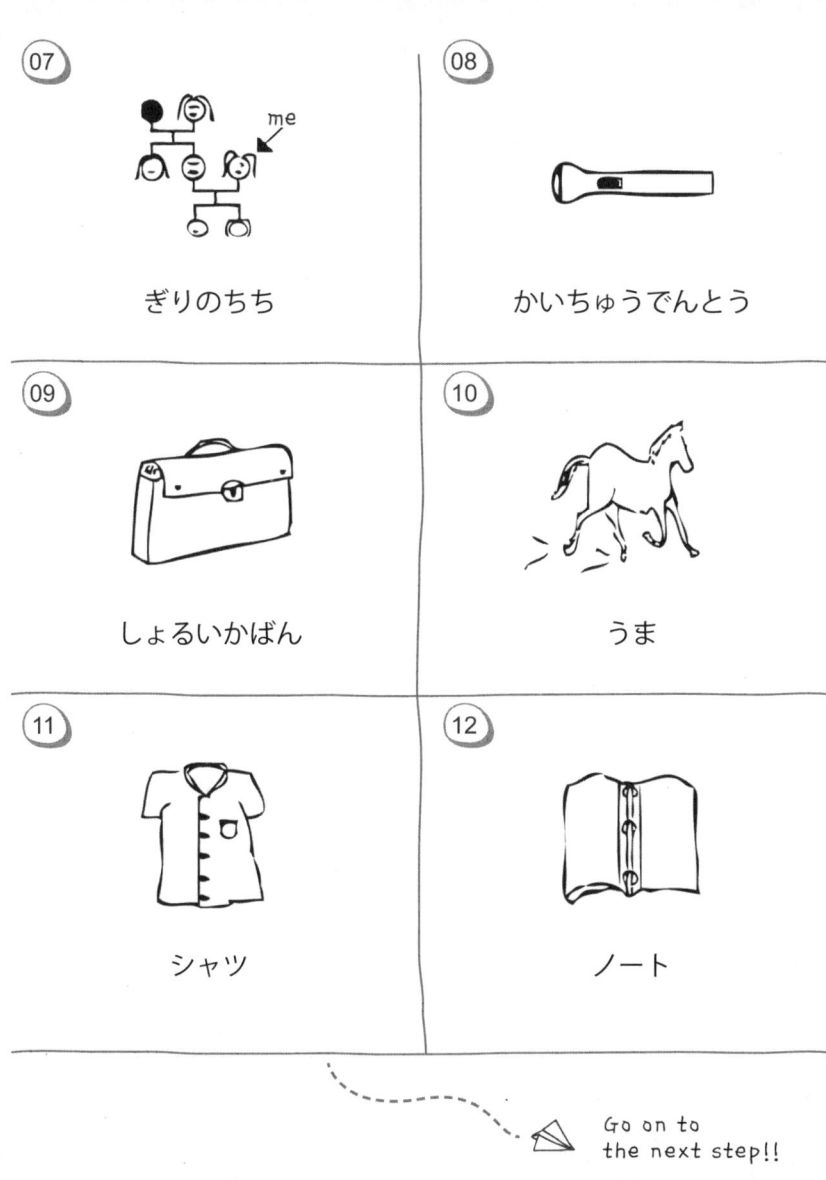

step 23
START

01

しゃしんをみせる

02

したをだす

03

はしごからおりる

04

はこのうしろにかくれる

05

テーブルのうえのバスケットを
からにする

06

あしをあげる

写真を見せる 사진을 보여 주다　舌を出す 혀를 내밀다　はしごから降りる 사다리에서 내려오다
箱の後ろに隠れる 상자 뒤에 숨다　テーブルの上のバスケットを空にする 테이블 위의 바구니를
비우다　脚を上げる 다리를 올리다

きょうじゅにけいれいする

はやくあるく

ゆっくりあくびをする

グラスにみずをそそぐ

てをあらう

ちちおやにでんわする

Go on to
the next step!!

きょうじゅけいれい
教授に敬礼する 교수님께 경례하다　速く歩く 빨리 걷다　ゆっくりあくびをする 천천히 하품하다
グラスに水を注ぐ 유리잔에 물을 붓다　手を洗う 손을 씻다　父親に電話する 아버지께 전화하다

step 24
START

01

バー

02

フォーク

03

ゆか

04

イヤリング

05

ランプ

06

かお

バー 바 フォーク 포크 床(ゆか) 바닥 イヤリング 귀고리 ランプ 램프 顔(かお) 얼굴

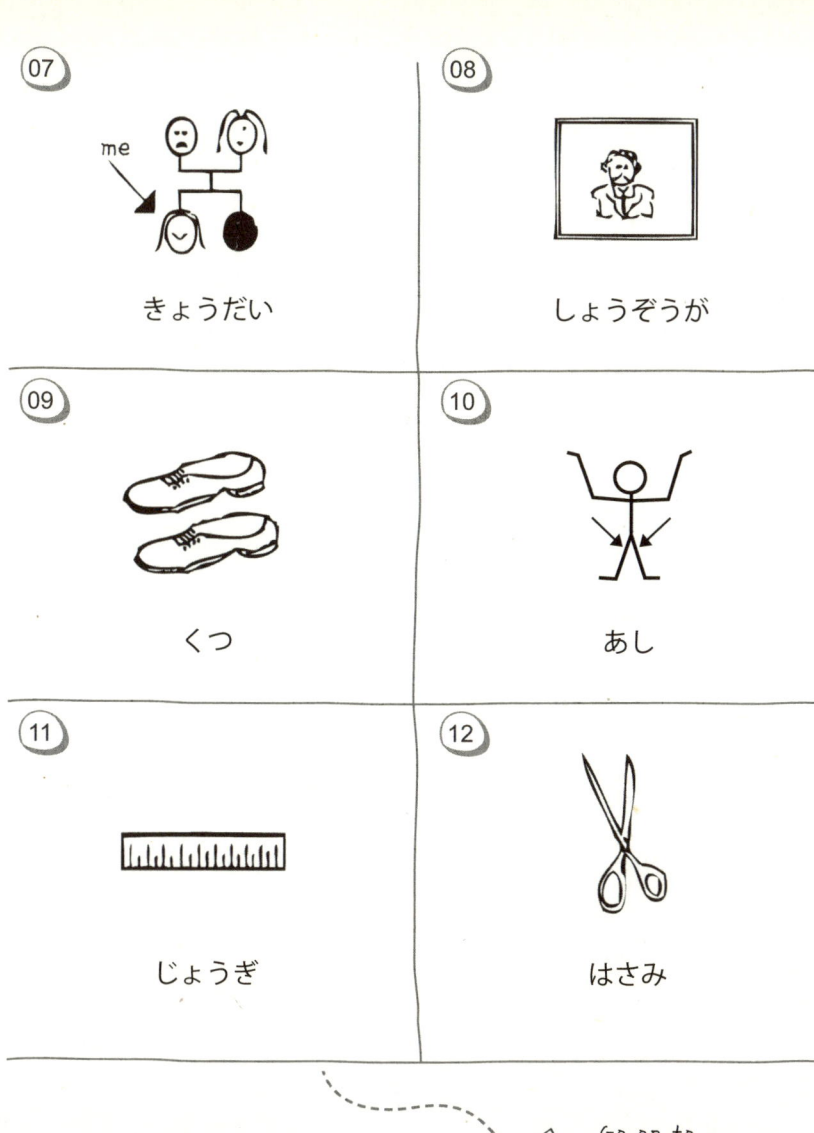

07 きょうだい	08 しょうぞうが
09 くつ	10 あし
11 じょうぎ	12 はさみ

Go on to the next step!!

きょうだい 兄弟 형제   しょうぞうが 肖像画 초상화   くつ 靴 신발   あし 脚 다리   じょうぎ 자   はさみ 가위

step 25
START

01

きょうじゅにけいれいする

02

えいごのほんをよむ

03

テーブルのうえのバスケットを
からにする

04

ふうせんをふくらませる

05

はこのうしろにかくれる

06

うたをくちぶえでふく

教授に敬礼する 교수님께 경례하다　英語の本を読む 영어 책을 읽다　テーブルの上のバスケットを空にする 테이블 위의 바구니를 비우다　風船を膨らませる 풍선을 불다　箱の後ろに隠れる 상자 뒤에 숨다　歌を口笛で吹く 휘파람으로 노래를 부르다

07  はやくひげをそる	08  はやくかいだんをのぼる
09  ゆかからキュウリをひろう	10  メアリー、アンディにキスする
11  ちちおやにでんわする	12  てをあらう

Go on to the next step!!

速く髭を剃る 빨리 면도하다　速く階段を上る 빨리 계단을 올라가다　床からキュウリを拾う 바닥에서 오이를 줍다　メアリー、アンディにキスする Mary, Andy에게 키스하다　父親に電話する 아버지께 전화하다　手を洗う 손을 씻다

step 26
START

01

しょるいかばん

02

ハンドバッグ

03

おっと

04
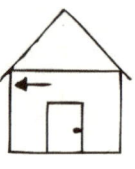
かべ

05

めがね

06

くし

書類鞄(しょるいかばん) 서류 가방 ハンドバッグ 핸드백 夫(おっと) 남편 壁(かべ) 벽 眼鏡(めがね) 안경 くし 빗

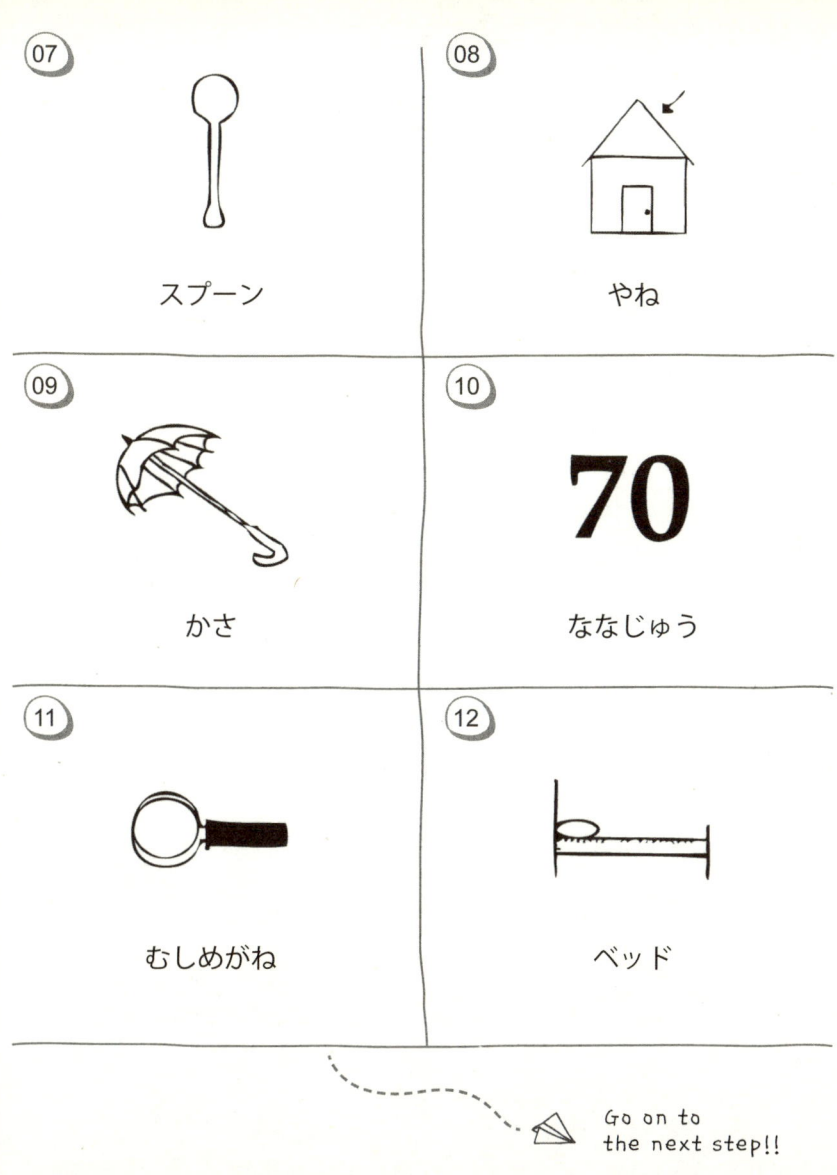

スプーン 스푼 屋根(やね) 지붕 傘(かさ) 우산 七十(ななじゅう) 칠십 虫眼鏡(むしめがね) 돋보기 ベッド 침대

step 27

START

01

ちちおやにでんわする

02

かみをまく

03

ろうそくにひをつける

04

はやくあるく

05

ジェフ、クリスティンを
だきしめる

06

ゆかでねる

父親に電話する 아버지께 전화하다　紙を巻く 종이를 말다　ろうそくに火をつける 촛불을 켜다　速く
歩く 빨리 걷다　ジェフ、クリスティンを抱きしめる Jeff, Christine을 껴안다　床で寝る 바닥에서 자다

アイスクリームをたべる

ロールペーパーをにぎりつぶす

えいごのほんをよむ

ゆかにとびおりる

ジムのうでをつかむ

ひだりめでウインクする

Go on to the next step!!

アイスクリームを食べる 아이스크림을 먹다　ロールペーパーを握りつぶす 종이뭉치를 움켜쥐다
英語の本を読む 영어 책을 읽다　床に飛び降りる 바닥으로 뛰어내리다　ジムの腕を掴む Jim의 팔을 잡다　左目でウインクする 왼쪽 눈으로 윙크하다

step 28
START

01
スカート

02
ほん

03
かがみ

04
ほうき

05
しょうぞうが

06
かさ

スカート 스커트　本(ほん) 책　鏡(かがみ) 거울　ほうき 빗자루　肖像画(しょうぞうが) 초상화　傘(かさ) 우산

07

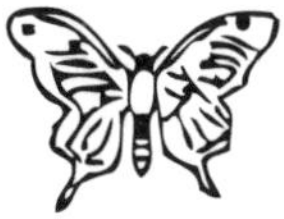

ちょう

08

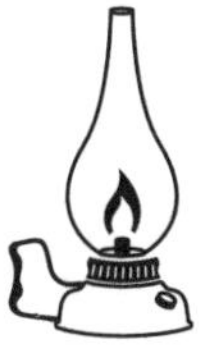

ランプ

09

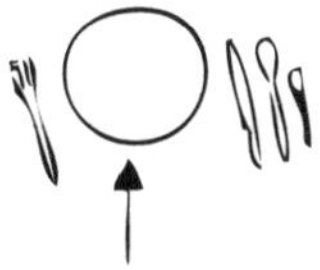

さら

10

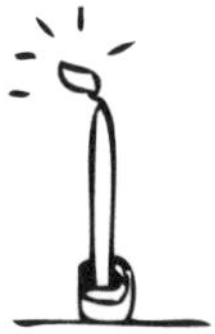

ろうそく

11

13

じゅうさん

12

15

じゅうご

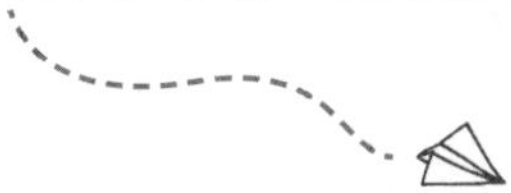

Go on to
the next step!!

蝶(ちょう) 나비　ランプ 램프　皿(さら) 접시　ろうそく 양초　十三(じゅうさん) 십삼　十五(じゅうご) 십오

step 29 START

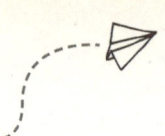

01

うたをくちぶえでふく

02

かみをとかす

03

キュウリのにおいをかぐ

04

ちちおやにでんわする

05

ろうそくにひをつける

06

バスケットにあしをいれる

歌を口笛で吹く 휘파람으로 노래를 부르다　髪をとかす 머리를 빗다　キュウリの臭いを嗅ぐ 오이 냄새를 맡다　父親に電話する 아버지에게 전화하다　ろうそくに火をつける 촛불을 켜다　バスケットに足を入れる 바구니에 발을 넣다

ゆかからキュウリをひろう

ふうせんをふくらませる

ジョンのあたまをたたく

グラスにみずをそそぐ

まわる

かみをまく

Go on to the next step!!

床(ゆか)からキュウリを拾(ひろ)う 바닥에서 오이를 줍다　風船(ふうせん)を膨(ふく)らませる 풍선을 불다　ジョンの頭(あたま)を叩(たた)く John의 머리를 때리다　グラスに水(みず)を注(そそ)ぐ 유리잔에 물을 붓다　回(まわ)る 돌다　紙(かみ)を巻(ま)く 종이를 말다

step 30
START

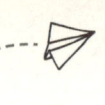

01

イヤリング

02

へび

03
18
じゅうはち

04

てぶくろ

05

つめ

06

がくせいのつくえ

イヤリング 귀고리　蛇 뱀　十八 십팔　手袋 장갑　爪 손톱　学生の机 학생 책상

07

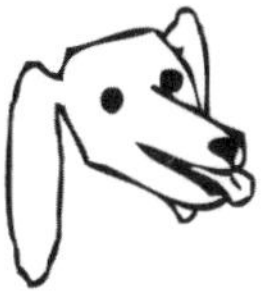

いぬ

08

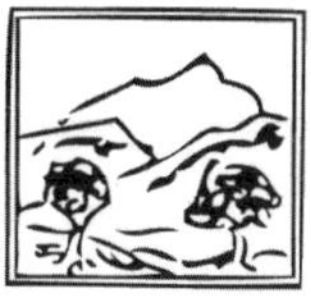

え

09

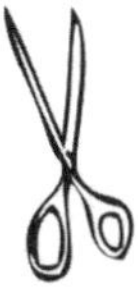

はさみ

10

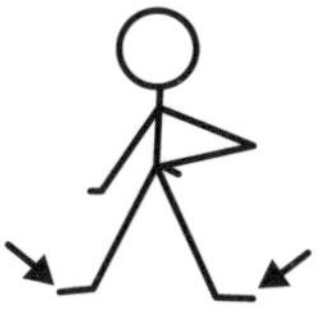

あし

11

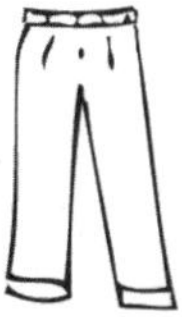

ズボン

12

17

じゅうしち・じゅうなな

Go on to
the next Lesson!!

犬(いぬ) 개　絵(え) 그림　はさみ 가위　足(あし) 발　ズボン 바지　十七(じゅうしち・じゅうなな) 십칠

Lesson 13

step 31
START

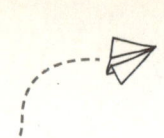

01

じぶんのなまえをにどさけぶ

02
ちいさいはこをとじる

03

はしごからおりる

04

メアリー、アンディにキスする

05

キュウリをくれる

06

テーブルのしたにはいる

自分の名前を二度叫ぶ 자기 이름을 두 번 외치다　小さい箱を閉じる 작은 상자를 닫다　はしごから降りる 사다리에서 내려오다　メアリー、アンディにキスする Mary, Andy에게 키스하다　キュウリをくれる 오이를 주다　テーブルの下に入る 테이블 밑으로 들어가다

(07)
タンクをみたす

(08)
ぼうしをかぶる

(09)
せんせいにはくしゅする

(10)
じぶんのベッドでよこになる

(11)
ロールペーパーをにぎりつぶす

(12)
ゆかでねる

Go on to the next step!!

タンクを満たす 기름을 채우다　帽子を被る 모자를 쓰다　先生に拍手する 선생님께 박수치다
自分のベッドで横になる 자신의 침대에 눕다　ロールペーパーを握りつぶす 종이 뭉치를 움켜쥐다　床で寝る 바닥에서 자다

step 32
START

01

みせ

02
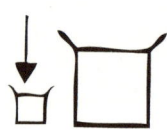
ちいさいはこ

03

きょうだい

04

ボール

05
100
ひゃく

06

ハンドバッグ

店 가게　小さい箱 작은 상자　兄弟 형제　ボール 공　百 백　ハンドバッグ 핸드백

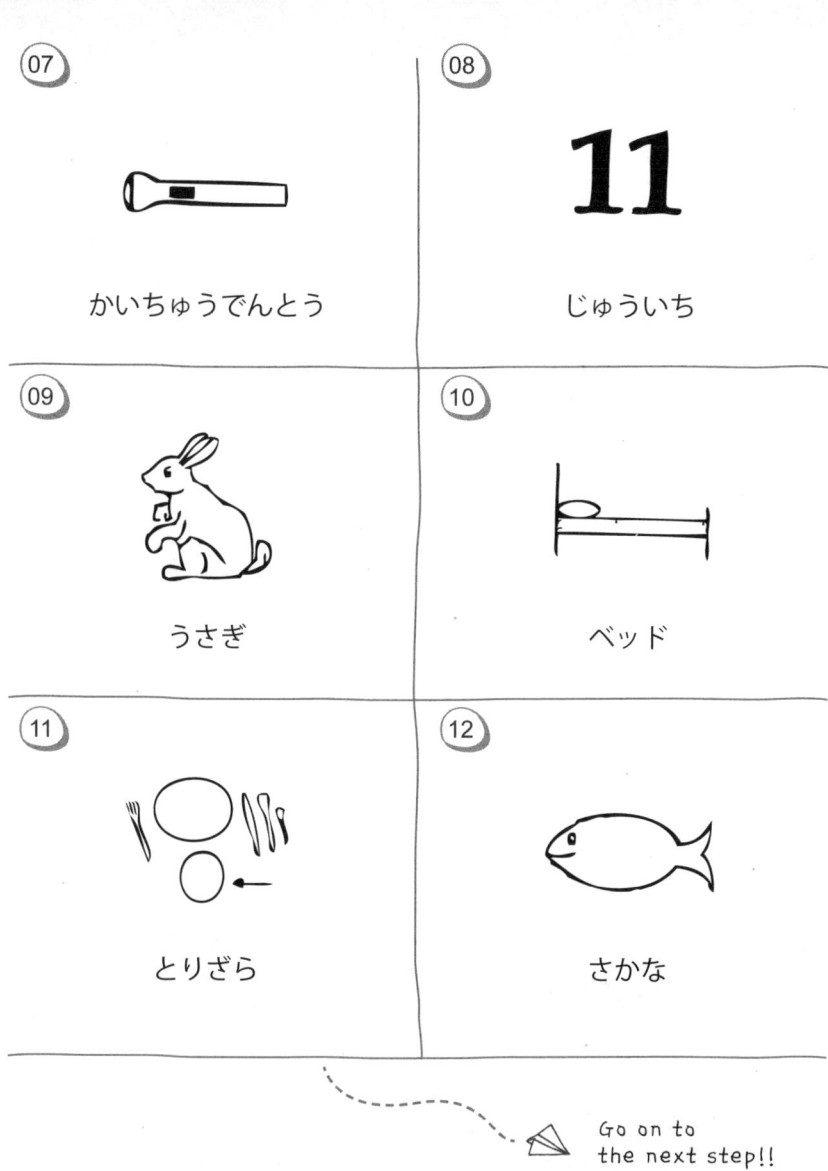

07 かいちゅうでんとう	08 じゅういち
09 うさぎ	10 ベッド
11 とりざら	12 さかな

Go on to the next step!!

| かいちゅうでんとう 懐中電灯 손전등 | じゅういち 十一 십일 | うさぎ 兎 토끼 | ベッド 침대 | とりざら 取り皿 앞접시 | さかな 魚 물고기 |

step 33 START

01

ふうせんをふくらませる

02

テーブルにいぬをつなぐ

03

いえにはしっていく

04

しゃしんをみせる

05

かみをとかす

06

ゆっくりあくびをする

風船を膨らませる 풍선을 불다　テーブルに犬を繋ぐ 테이블에 개를 묶다　家に走って行く 집으로 뛰어가다　写真を見せる 사진을 보여 주다　髪をとかす 머리를 빗다　ゆっくりあくびをする 천천히 하품하다

07
ゆかにとびおりる

08
てをあらう

09
ぼうしをとる

10
はやくかいだんをのぼる

11
はやくあるく

12
りょううでをひろげる

Go on to the next step!!

床に飛び降りる 바닥으로 뛰어내리다　手を洗う 손을 씻다　帽子を取る 모자를 벗다　速く階段を上る 빨리 계단을 올라가다　速く歩く 빨리 걷다　両腕を広げる 양팔을 펴다

step 34
START

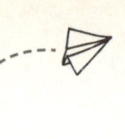

①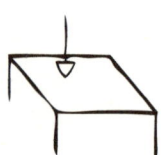
テーブルのうえ

②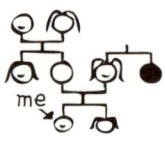
おじ

③
うさぎ

④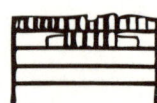
ほんだな

⑤
じどうしゃ

⑥
ハンドバッグ

テーブルの上 테이블 위 おじ 외삼촌 兎 토끼 本棚 책장 自動車 자동차 ハンドバッグ 핸드백

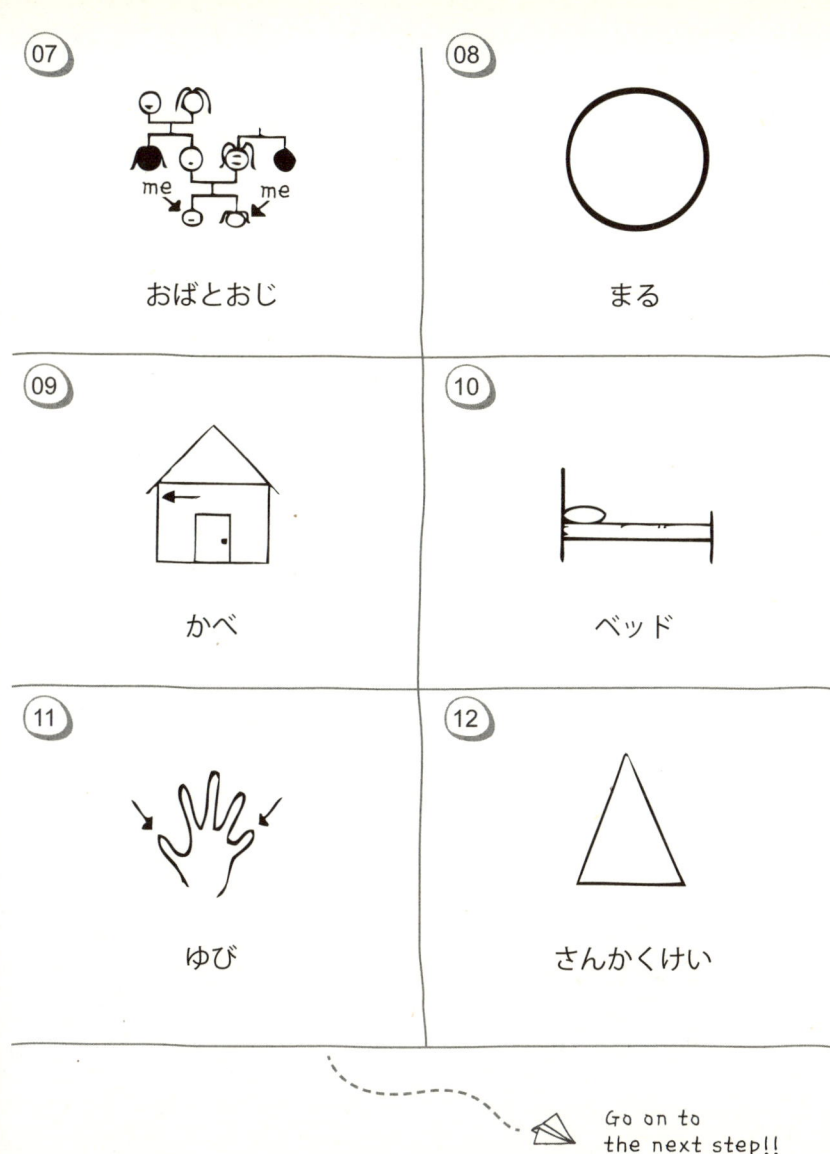

step 35
START

01

いすのうえにたつ

02

せんせいにはくしゅする

03

ジェフ、クリスティンを
だきしめる

04

まどをふく

05

はしごからおりる

06

えいごのほんをよむ

椅子の上に立つ 의자 위에 서다　先生に拍手する 선생님께 박수치다　ジェフ、クリスティンを抱きしめる Jeff, Christine을 껴안다　窓を拭く 창문을 닦다　はしごから降りる 사다리에서 내려오다　英語の本を読む 영어 책을 읽다

テーブルをもちあげる

バスケットのなかにあしをいれる

09

じぶんのベッドによこたわる

10

ゆかからキュウリをひろう

11

かみをひろげる

12

ゆかをはく

Go on to the next step!!

テーブルを持ち上げる 테이블을 들어 올리다　バスケットの中に足を入れる 바구니 안에 발을 넣다
自分のベッドに横たわる 자기 침대에 눕다　床からキュウリを拾う 바닥에서 오이를 줍다　紙を広げる 종이를 풀다　床を掃く 바닥을 쓸다

step 36
START

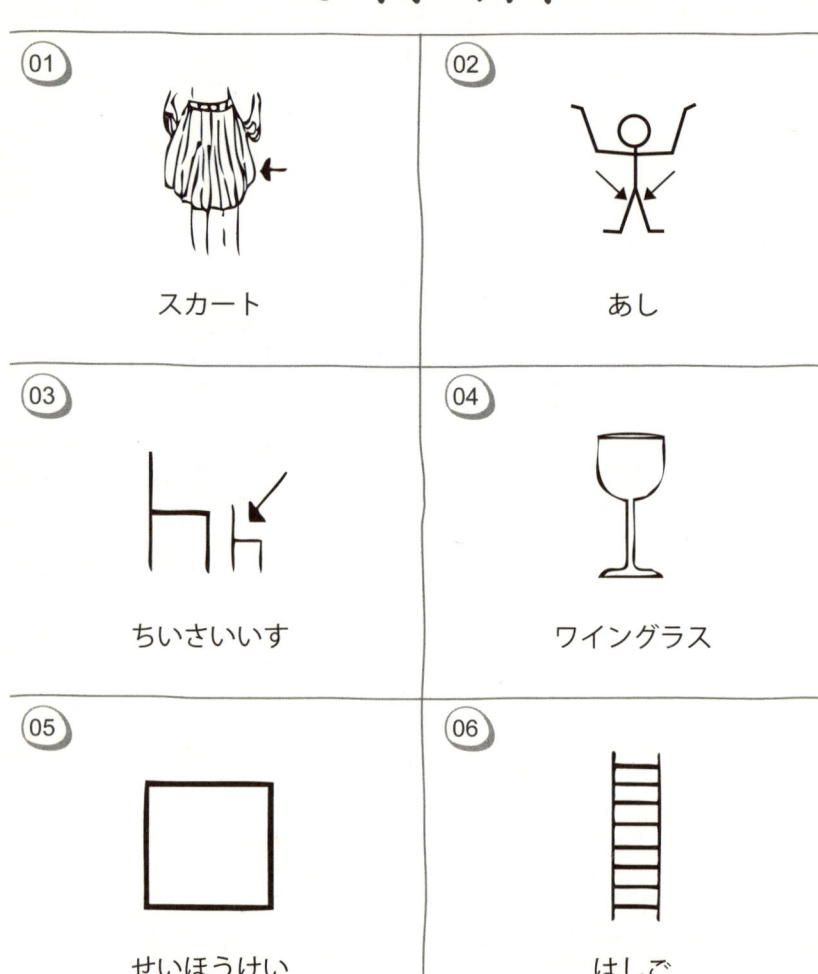

01 スカート
02 あし
03 ちいさいいす
04 ワイングラス
05 せいほうけい
06 はしご

スカート 스커트 脚(あし) 다리 小(ちい)さい椅子(いす) 작은 의자 ワイングラス 와인글라스 正方形(せいほうけい) 정사각형

はしご 사다리

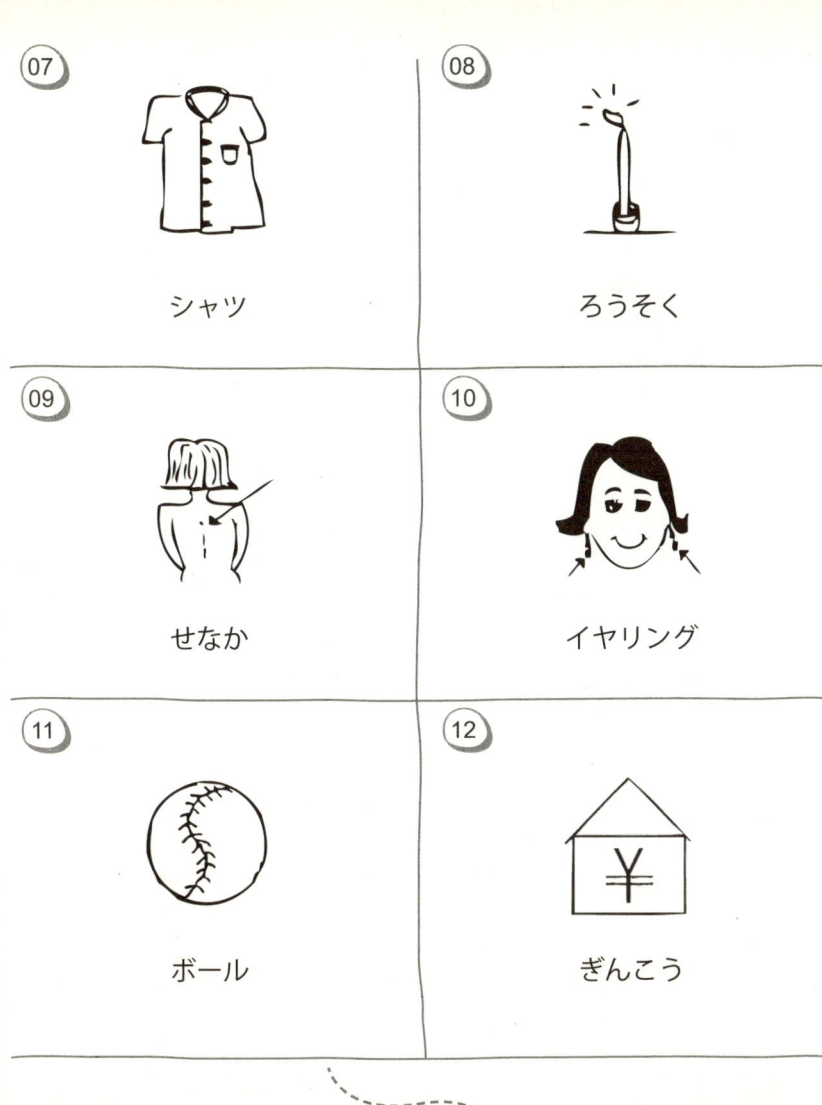

07 シャツ	08 ろうそく
09 せなか	10 イヤリング
11 ボール	12 ぎんこう

Go on to the next step!!

シャツ 셔츠 ろうそく 양초 背中(せなか) 등 イヤリング 귀고리 ボール 공 銀行(ぎんこう) 은행

step 37
START

01

ゆっくりあくびする

02

ジョンのあたまをたたく

03

いえのそとにでる

04

しゃしんをみせる

05

はこのうしろにかくれる

06

いすにさわる

ゆっくりあくびする 천천히 하품하다　ジョンの頭を叩く John의 머리를 때리다　家の外に出る 집 밖으로 나가다　写真を見せる 사진을 보여 주다　箱の後ろに隠れる 상자 뒤에 숨다　椅子に触る 의자를 만지다

07

ゆかからキュウリをひろう

08

もっとおおきいこえでうたう

09

いえにはしっていく

10

りょううでをあげる

11

テーブルのしたにはいる

12

テーブルにはこをおく

Go on to the next step!!

床från キュウリを拾う 바닥에서 오이를 줍다　もっと大きい声で歌う 더 큰 소리로 노래하다
家に走って行く 집으로 뛰어가다　両腕を上げる 양팔을 들다　テーブルの下に入る 테이블의 밑에
들어가다　テーブルに箱を置く 테이블에 상자를 놓다

step 38
START

① **30** さんじゅう	②  ぎりのちち
③  みみ	④  じょうぎ
⑤  えいがかん	⑥ め

三十 삼십　義理の父 시아버지　耳 귀　じょうぎ 자　映画館 영화관　目 눈

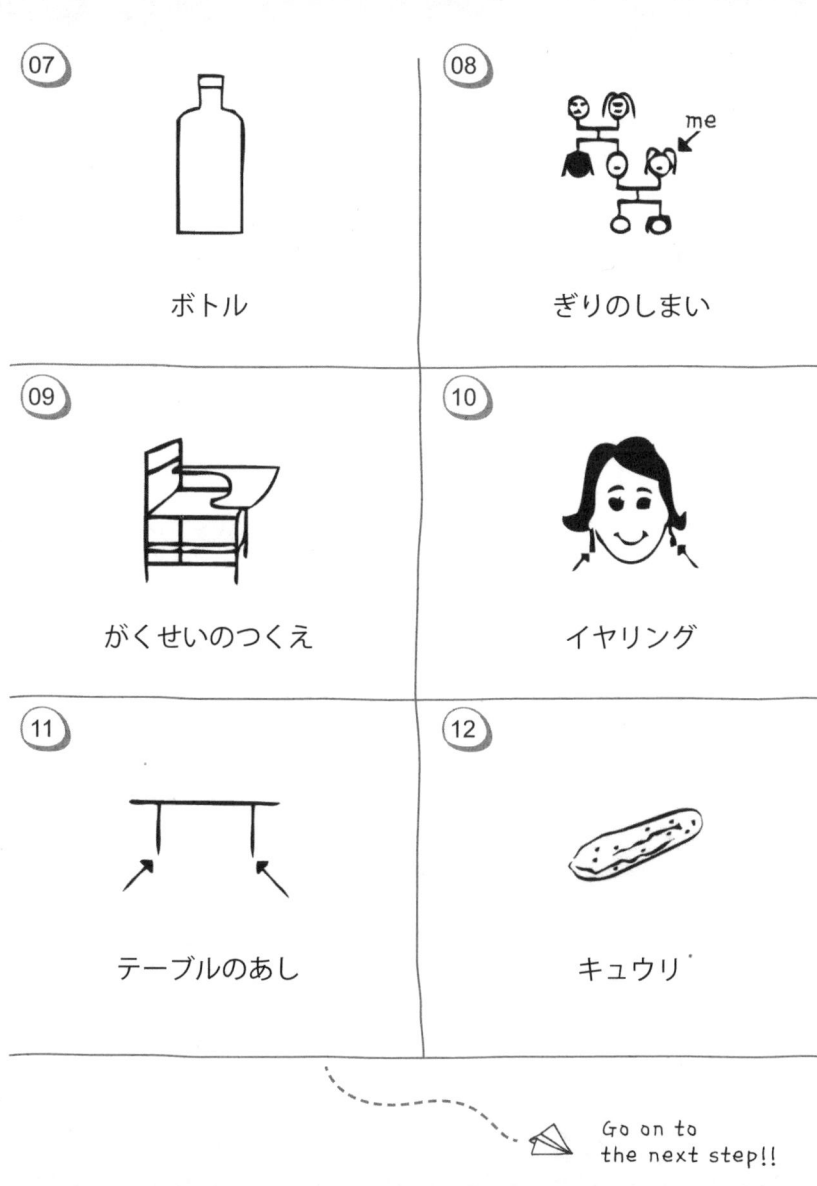

07	08
ボトル	ぎりのしまい
09	10
がくせいのつくえ	イヤリング
11	12
テーブルのあし	キュウリ

Go on to the next step!!

ボトル 병   義理の姉妹 배우자의 여자 형제   学生の机 학생 책상   イヤリング 귀고리   テーブルの脚 테이블 다리   キュウリ 오이

step 39
START

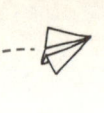

01  ぼうしをとる	02  ロジータのかみをひっぱる
03  キュウリをくれる	04  ジェフ、クリスティンをだきしめる
05  ゆびでかずをかぞえる	06  ゆびをうごかす

帽子を取る 모자를 벗다 ロジータの髪を引っ張る Rosita의 머리를 잡아당기다 キュウリをくれる 오이를 주다 ジェフ、クリスティンを抱きしめる Jeff, Christine을 껴안다 指で数を数える 손가락으로 수를 세다 指を動かす 손가락을 움직이다

07  はやくあるく	08  メアリー、アンディにキスする
09  キュウリのにおいをかぐ	10  ケントとあくしゅする
11  きょうじゅにけいれいする	12  したをだす

Go on to the next step!!

速(はや)く歩(ある)く 빨리 걷다　メアリー、アンディにキスする Mary, Andy에게 키스하다　キュウリの臭(にお)いを嗅(か)ぐ 오이 냄새를 맡다　ケントと握手(あくしゅ)する Kent와 악수하다　教授(きょうじゅ)に敬礼(けいれい)する 교수님께 경례하다　舌(した)を出(だ)す 혀를 내밀다

step 40
START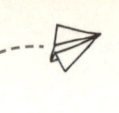

01
ねこ

02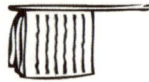
しんぶん

03
としょかん

04
て

05
なし

06
かお

| ねこ
猫 고양이 | しんぶん
新聞 신문 | としょかん
図書館 도서관 | て
手 손 | なし
梨 배 | かお
顔 얼굴 |

07 かえる	08 ワイングラス
09 シャツ	10 よんじゅう
11 みせ	12 めがね

Go on to the next Lesson!!

かえる 蛙 개구리　ワイングラス 와인글라스　シャツ 셔츠　よんじゅう 四十 사십　みせ 店 가게　めがね 眼鏡 안경

Lesson 14

step 41
START

01  いすのうえにたつ	02  はやくかいだんをのぼる
03  しゃがむ	04  せんせいにはくしゅする
05  はやくひげをそる	06  メアリー、アンディにキスする

椅子の上に立つ 의자 위에 서다　速く階段を上る 빨리 계단을 올라가다　しゃがむ 쪼그리고 앉다

先生に拍手する 선생님께 박수치다　速く髭を剃る 빨리 면도하다　メアリー、アンディにキスする Mary, Andy에게 키스하다

07  ロジータのかみをひっぱる	08  まどをふく
09  えいごのほんをよむ	10  はやくあるく
11  りょううでをひろげる	12  もっとおおきいこえでうたう

Go on to the next step!!

ロジータの髪を引っ張る Rosita의 머리를 잡아당기다　窓を拭く 창문을 닦다　英語の本を読む 영어 책을 읽다　速く歩く 빨리 걷다　両腕を広げる 양팔을 펴다　もっと大きい声で歌う 더 큰 소리로 노래하다

step 42
START

01 ナイフ	02 くも
03 ゆびわ	04 ほうき
05 **60** ろくじゅう	06 シャツ

ナイフ 나이프　くも 거미　指輪(ゆびわ) 반지　ほうき 빗자루　六十(ろくじゅう) 육십　シャツ 셔츠

step 43
START

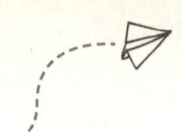

01
ふうせんをふくらませる

02
タンクをみたす

03
かみをとかす

04
きょうじゅにけいれいする

05
テーブルのうえにはこをおく

06
ゆかをはく

風船を膨らませる 풍선을 불다　タンクを満たす 기름을 채우다　髪をとかす 머리를 빗다
テーブルの上に箱を置く 테이블 위에 상자를 두다　床を掃く 바닥을 쓸다

いえにはしっていく

ゆかにとびおりる

はしごからおりる

おんなをたかくもちあげる

うでをこうささせる

ジムのうでをつかむ

Go on to the next step!!

家に走って行く 집으로 뛰어가다　床に飛び降りる 바닥으로 뛰어내리다　はしごから降りる 사다리에서 내려오다　女を高く持ち上げる 여자아이를 높이 들어 올리다　腕を交差させる 팔을 교차하다　ジムの腕を掴む Jim의 팔을 잡다

step 44
START

01
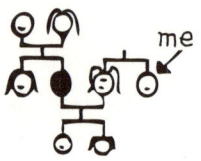
ぎりのきょうだい

02

ねこ

03

ブラウス

04

あし

05

はしご

06
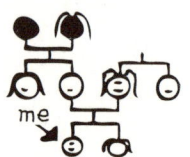
そふぼ

義理の兄弟 여자 형제의 남편　猫 고양이　ブラウス 블라우스　脚 다리　はしご 사다리　祖父母 조부모

07 つくえ	08 とりざら	
09 ゴミばこ	10 ほし	
11 じゅうに	12 タンクをみたす	

Go on to the next step!!

机 책상　取り皿 앞접시　ゴミ箱 쓰레기통　星 별　十二 십이　タンクを満たす 기름을 채우다

step 45
START

01
ゆびをうごかす

02
かみをひろげる

03
ゆかをはく

04
ふうせんをふくらませる

05
ひだりめでウインクする

06
いすのうえにたつ

指を動かす 손가락을 움직이다　紙を広げる 종이를 풀다　床を掃く 바닥을 쓸다　風船を膨らませる 풍선을 불다　左目でウインクする 왼쪽 눈으로 윙크하다　椅子の上に立つ 의자 위에 서다

ロールペーパーをにぎりつぶす

はらをかく

ゆかでねる

ジムのうでをつかむ

タンクをみたす

ローラとおどる

Go on to the next step!!

ロールペーパーを握りつぶす 종이 뭉치를 움켜쥐다　腹を掻く 배를 긁다　床で寝る 바닥에서 자다
ジムの腕を掴む Jim의 팔을 잡다　タンクを満たす 기름을 채우다　ローラと踊る Lola와 춤추다

step 46
START

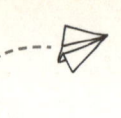

01

ろうそく

02

とり

03

しょうぞうが

04

はさみ

05
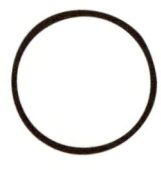
まる

06

むしめがね

ろうそく 양초　鳥 새　肖像画 초상화　はさみ 가위　円 동그라미　虫眼鏡 돋보기

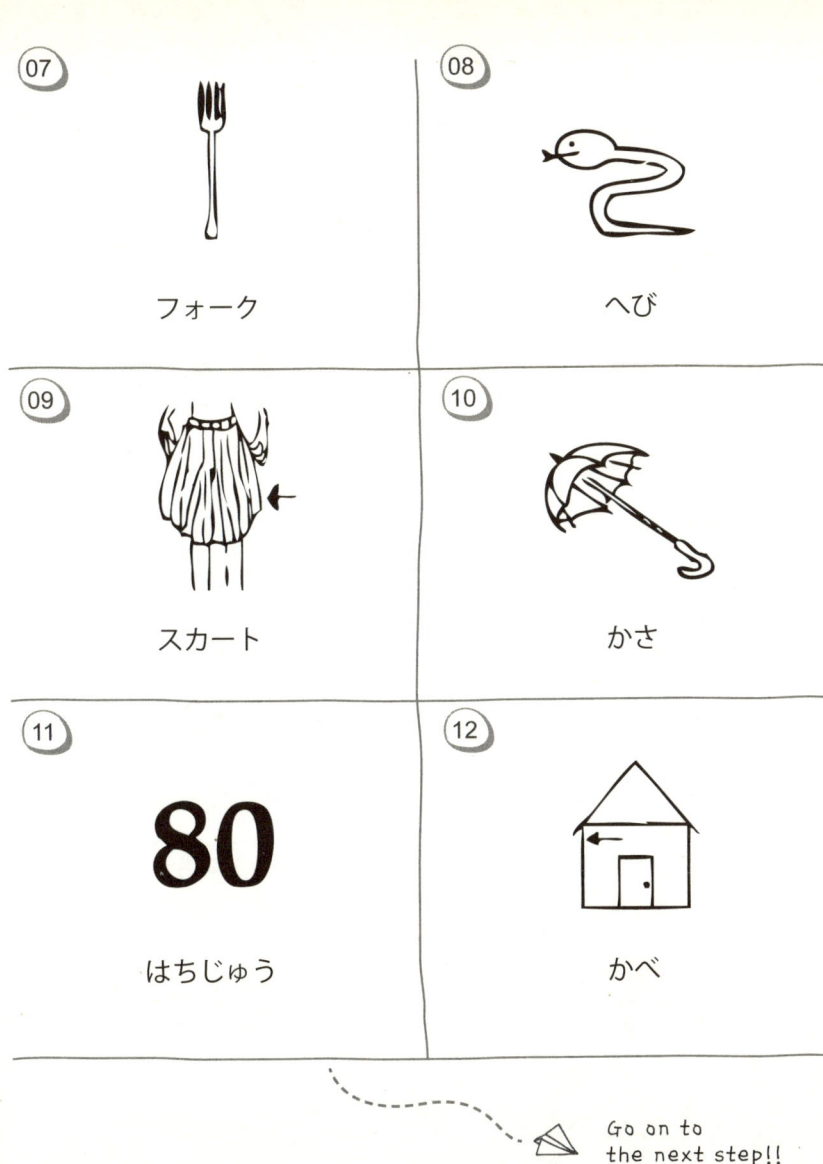

フォーク 포크　へび 뱀　スカート 스커트　傘 우산　八十 팔십　壁 벽

step 47
START

①  はやくかいだんをのぼる	②  ろうそくにひをつける
③  えいごのほんをよむ	④  りょううでをひろげる
⑤  キュウリのにおいをかぐ	⑥  じぶんのなまえをにどさけぶ

速く階段を上る 빨리 계단을 오르다　ろうそくに火をつける 촛불을 켜다　英語の本を読む 영어 책을 읽다　両腕を広げる 양팔을 펴다　キュウリの臭いを嗅ぐ 오이 냄새를 맡다　自分の名前を二度叫ぶ 자기 이름을 두 번 외치다

07  ゆびをうごかす	08  てをあらう
09  はやくひげをそる	10  はこのうしろにかくれる
11  かみをとかす	12  じぶんのベッドによこたわる

Go on to the next step!!

指を動かす 손가락을 움직이다　手を洗う 손을 씻다　速く髭を剃る 빨리 면도하다　箱の後ろに隠れる 상자 뒤에 숨다　髪をとかす 머리를 빗다　自分のベッドに横たわる 자신의 침대에 눕다

step 48
START

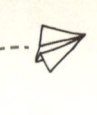

01

ゆびわ

02

うで

03

きょうかい

04

かいちゅうでんとう

05

ブラウス

06

うさぎ

ゆびわ　うで　きょうかい　かいちゅうでんとう
指輪 반지　腕 팔　教会 교회　懐中電灯 손전등　ブラウス 블라우스　兎 토끼

⑦ まご	⑧ 11 じゅういち
⑨ 15 じゅうご	⑩ かぎ
⑪ ナプキン	⑫ しゃしん

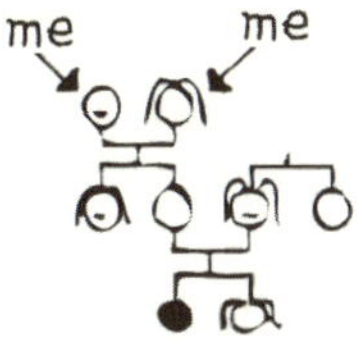

Go on to the next step!!

まご 孫 손자　じゅういち 十一 십일　じゅうご 十五 십오　かぎ 鍵 열쇠　ナプキン 냅킨　しゃしん 写真 사진

step 49 START

01
てをあらう

02
ロールペーパーをにぎりつぶす

03
はやくひげをそる

04
ゆかでねる

05
いすのうえにたつ

06
アイスクリームをたべる

手を洗う 손을 씻다　ロールペーパーを握りつぶす 종이 뭉치를 움켜쥐다　速く髭を剃る 빨리 면도하다
床で寝る 바닥에서 자다　椅子の上に立つ 의자 위에 서다　アイスクリームを食べる 아이스크림을 먹다

07

ローラとおどる

08

はこのうしろにかくれる

09

しゃしんをみせる

10

ひだりめでウインクする

11

ふうせんをふくらませる

12

はやくあるく

Go on to the next step!!

ローラと踊る Lola와 춤추다　箱の後ろに隠れる 상자 뒤에 숨다　写真を見せる 사진을 보여 주다
左目でウインクする 왼쪽 눈으로 윙크하다　風船を膨らませる 풍선을 불다　速く歩く 빨리 걷다

step 50
START

01 **20** にじゅう	02  うさぎ
03  てぶくろ	04 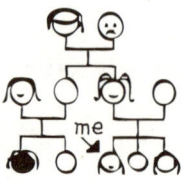 いとこ
05  さかな	06  つま

二十 이십 　兎 토끼 　手袋 장갑 　いとこ 사촌(여자) 　魚 물고기 　妻 아내

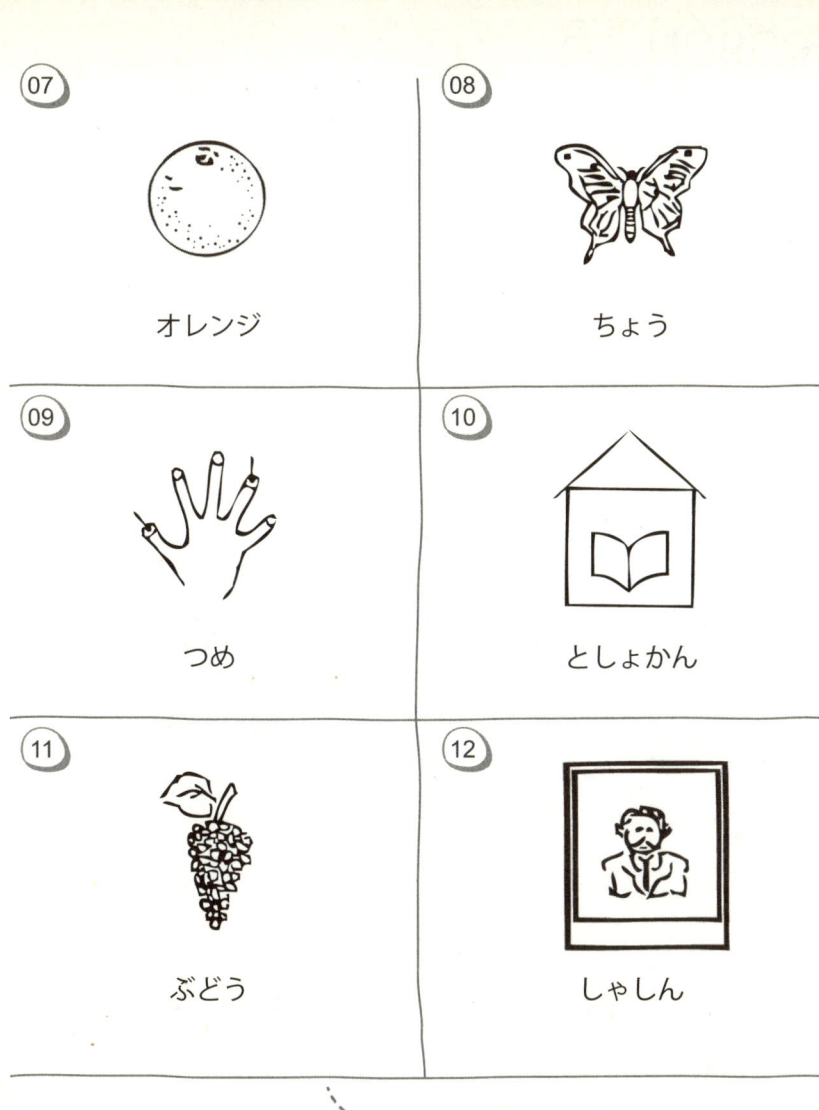

07	オレンジ
08	ちょう
09	つめ
10	としょかん
11	ぶどう
12	しゃしん

Go on to the next Lesson!!

オレンジ 오렌지　蝶(ちょう) 나비　爪(つめ) 손톱　図書館(としょかん) 도서관　葡萄(ぶどう) 포도　写真(しゃしん) 사진

Lesson 15

step 51

START

01  ろうそくにひをつける	02  ローラとおどる
03  アイスクリームをたべる	04  ひだりめでウインクをする
05  はやくあるく	06  タンクをみたす

ろうそくに火をつける 촛불을 켜다　ローラと踊る Lola와 춤추다　アイスクリームを食べる 아이스크림을 먹다　左目でウインクをする 왼쪽 눈으로 윙크를 하다　速く歩く 빨리 걷다　タンクを満たす 기름을 채우다

오디오 QR 코드
Lesson 15

07  しゃしんをみせる	08  りょううでをひろげる
09  じぶんのなまえをにどさけぶ	10  はやくひげをそる
11  ゆかをはく	12  ジェフ、クリスティンを だきしめる

 Go on to the next step!!

写真を見せる 사진을 보여 주다　両腕を広げる 양팔을 펴다　自分の名前を二度叫ぶ 자기 이름을 두 번 외치다　速く髭を剃る 빨리 면도하다　床を掃く 바닥을 쓸다　ジェフ、クリスティンを抱きしめる Jeff, Christine을 껴안다

step 52
START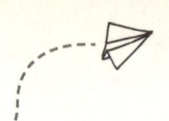

01  つくえ	02  むしめがね
03 せいほうけい	04 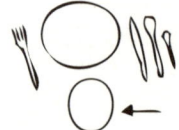 とりざら
05  まる	06  いちご

つくえ 机 책상   むしめがね 虫眼鏡 돋보기   せいほうけい 正方形 정사각형   とりざら 取り皿 앞접시   まる 円 동그라미   いちご 딸기

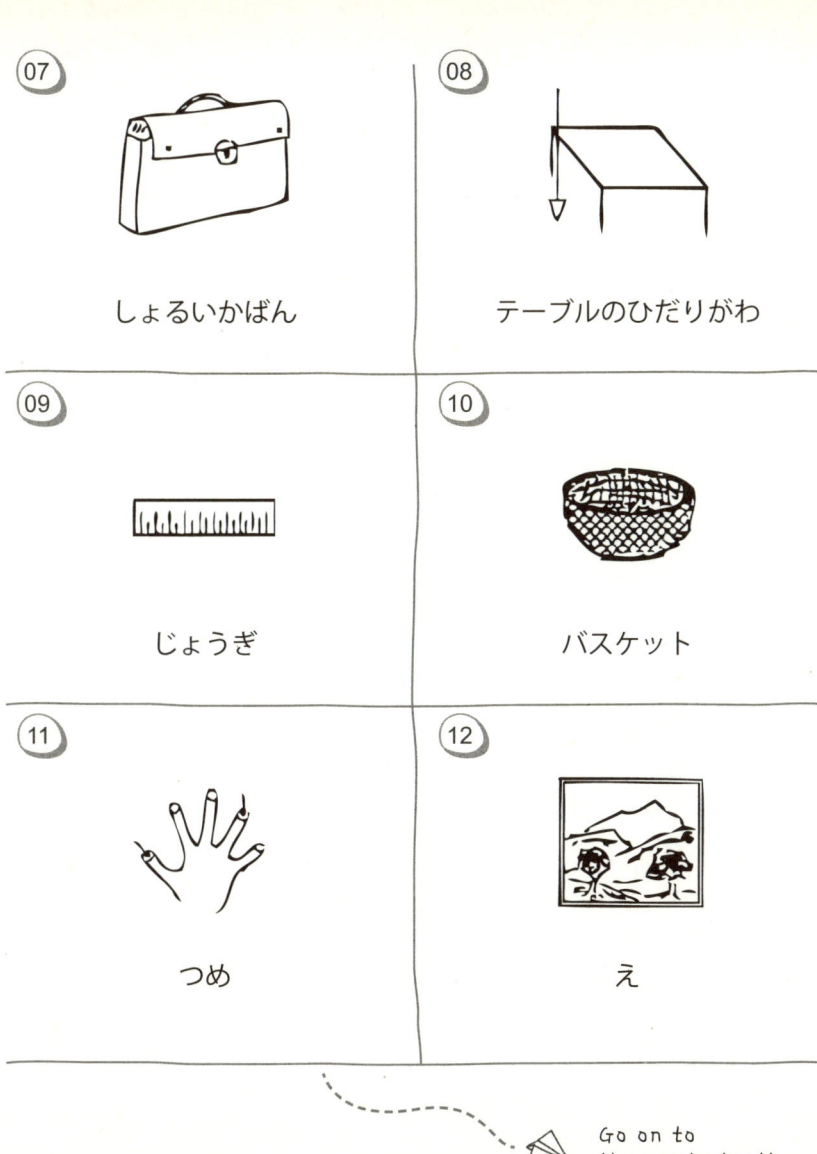

07 しょるいかばん	08 テーブルのひだりがわ
09 じょうぎ	10 バスケット
11 つめ	12 え

Go on to the next step!!

書類鞄 서류 가방　**テーブルの左側** 테이블의 왼편　**じょうぎ** 자　**バスケット** 바구니　**爪** 손톱　**絵** 그림

step 53
START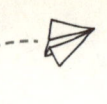

①  ぼうしをかぶる	②  はやくかいだんをのぼる
③  はこのうしろにかくれる	④  ひだりめでウインクする
⑤  しゃがむ	⑥  スティーブをつれていく

帽子を被る 모자를 쓰다　速く階段を上る 빨리 계단을 오르다　箱の後ろに隠れる 상자 뒤에 숨다　左目でウインクする 왼쪽 눈으로 윙크하다　しゃがむ 쪼그리고 앉다　スティーブを連れて行く Steve를 데려가다

07

したをだす

08

ロールペーパーをにぎりつぶす

09

えいごのほんをよむ

10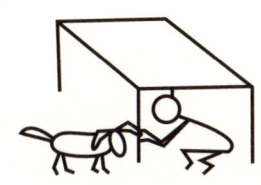

テーブルにいぬをつなぐ

11

ちいさいはこをとじる

12

まどをふく

Go on to the next step!!

舌を出す 혀를 내밀다　ロールペーパーを握りつぶす 종이 뭉치를 움켜쥐다　英語の本を読む 영어 책을 읽다　テーブルに犬を繋ぐ 테이블에 개를 묶다　小さい箱を閉じる 작은 상자를 닫다　窓を拭く 창문을 닦다

step 54
START

01

イヤリング

02

ほし

03

ゴミばこ

04

くも

05

かえる

06

グラス

イヤリング 귀고리　星ほし 별　ゴミ箱ばこ 쓰레기통　くも 거미　蛙かえる 개구리　グラス 유리잔

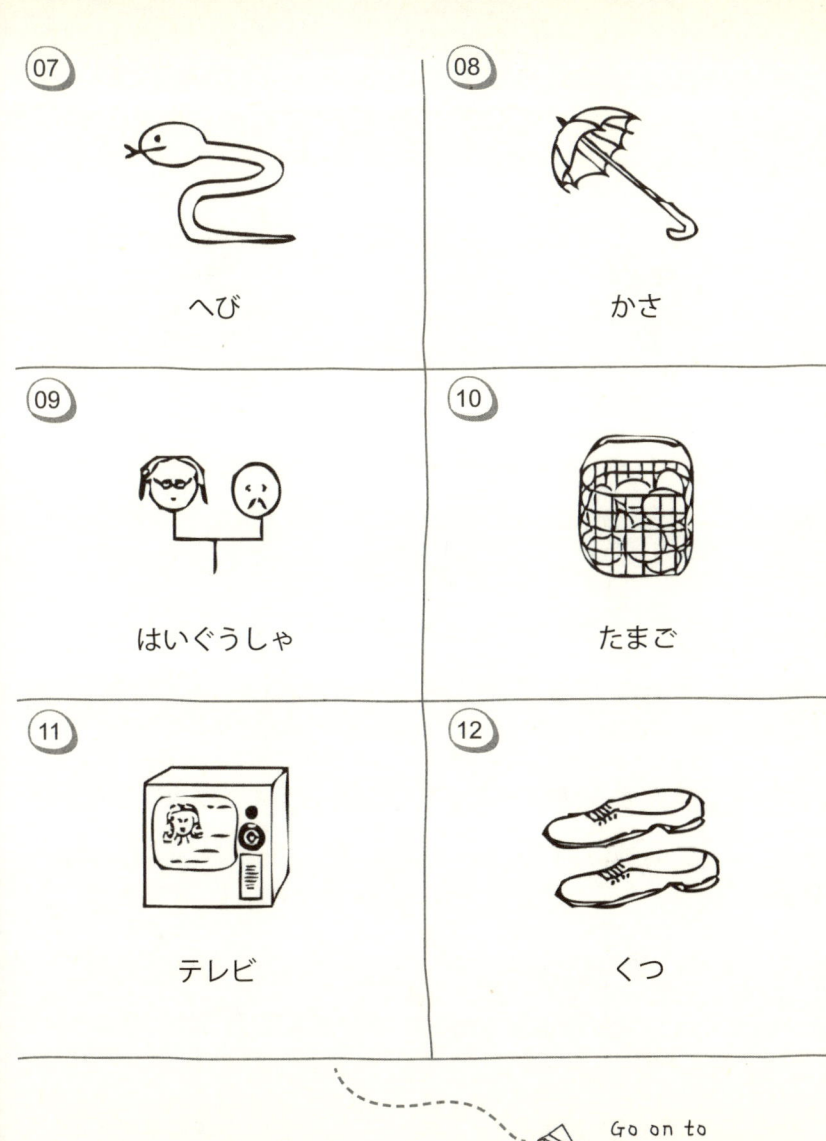

07 へび	08 かさ
09 はいぐうしゃ	10 たまご
11 テレビ	12 くつ

Go on to the next step!!

蛇 뱀　傘 우산　配偶者 배우자　卵 계란　テレビ 텔레비전　靴 신발

step 55
START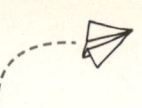

(01)  ロールペーパーをにぎりつぶす	(02)  かみをとかす
(03)  しゃしんをみせる	(04)  ゆかからキュウリをひろう
(05)  ちちおやにでんわする	(06)  コップにみずをそそぐ

ロールペーパーを握りつぶす 종이 뭉치를 움켜쥐다 髪をとかす 머리를 빗다 写真を見せる 사진을 보여 주다 床からキュウリを拾う 바닥에서 오이를 줍다 父親に電話する 아버지께 전화하다 コップに水を注ぐ 컵에 물을 붓다

07  ゆっくりあくびをする	08  はしごからおりる
09  テーブルのうえのバスケットを からにする	10  ろうそくにひをつける
11  うたをくちぶえでふく	12  ロジータのかみをひっぱる

Go on to
the next step!!

ゆっくりあくびをする 천천히 하품을 하다　はしごから降りる 사다리에서 내려오다　テーブルの上のバスケットを空にする 테이블 위의 바구니를 비우다　ろうそくに火をつける 촛불을 켜다　歌を口笛で吹く 휘파람으로 노래하다　ロジータの髪を引っ張る Rosita의 머리를 잡아당기다

step 56
START

①  あし	② 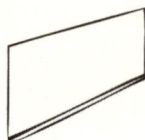 こくばん
③  パイナップル	④  くずかご
⑤ 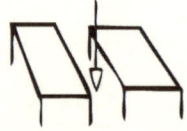 ふたつのテーブルのあいだ	⑥  いちご

足(あし) 발 黒板(こくばん) 칠판 パイナップル 파인애플 くずかご 휴지통 二つ(ふた)のテーブルの間(あいだ) 두 테이블 사이 いちご 딸기

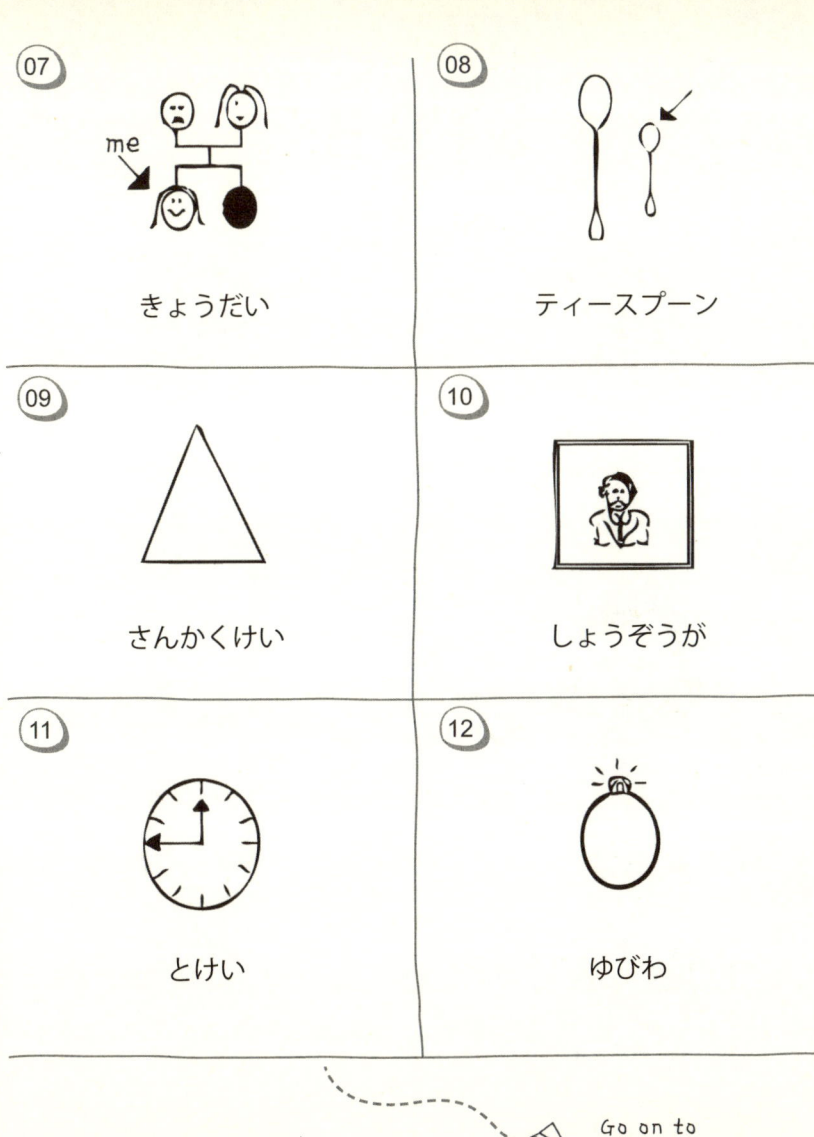

07 きょうだい	08 ティースプーン
09 さんかくけい	10 しょうぞうが
11 とけい	12 ゆびわ

Go on to the next step!!

きょうだい 兄弟 형제 ティースプーン 티스푼 さんかくけい 三角形 삼각형 しょうぞうが 肖像画 초상화 とけい 時計 시계 ゆびわ 指輪 반지

step 57
START

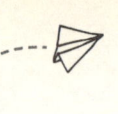

①

てをあらう

②

あたまにさわる

③

ゆっくりあくびをする

④

アイスクリームをたべる

⑤

タンクをみたす

⑥

したをだす

手を洗う 손을 씻다　頭に触る 머리를 만지다　ゆっくりあくびをする 천천히 하품을 하다　アイスクリームを食べる 아이스크림을 먹다　タンクを満たす 기름을 채우다　舌を出す 혀를 내밀다

07  ジムのうでをつかむ	08  えいごのほんをよむ
09  はやくひげをそる	10  はやくあるく
11  ふうせんをふくらませる	12  まどをふく

Go on to the next step!!

ジムの腕を掴む Jim의 팔을 잡다　英語の本を読む 영어 책을 읽다　速く髭を剃る 빨리 면도하다
速く歩く 빨리 걷다　風船を膨らませる 풍선을 불다　窓を拭く 창문을 닦다

step 58
START

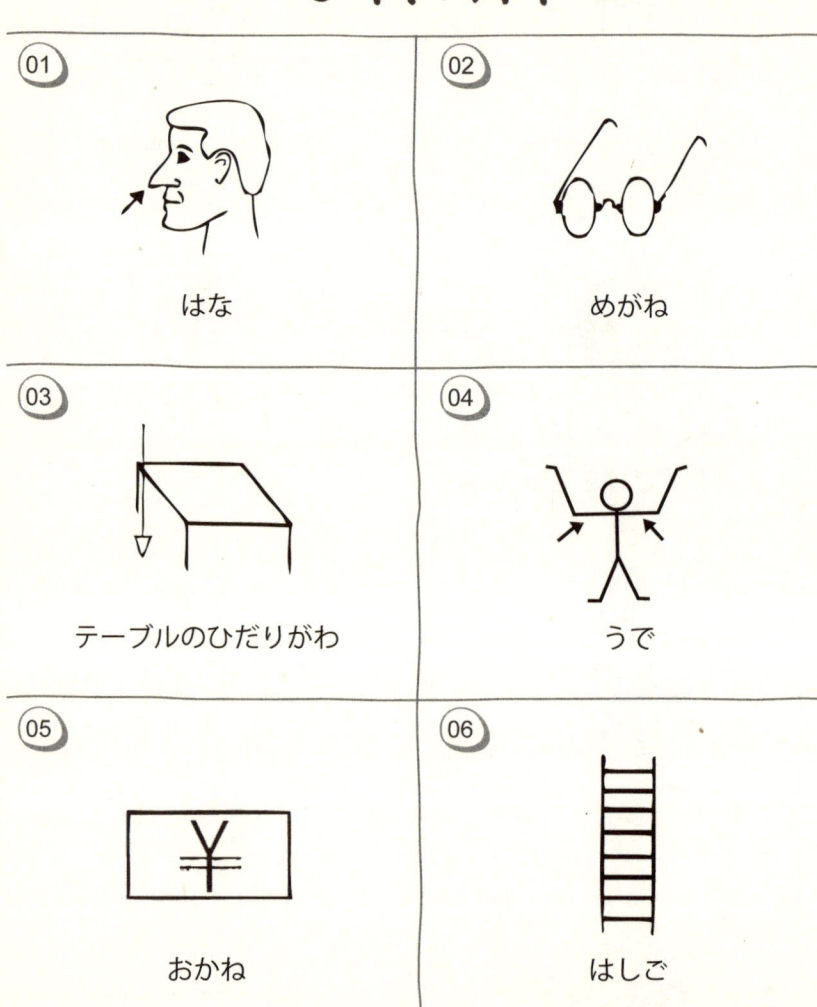

はな

めがね

テーブルのひだりがわ

うで

おかね

はしご

鼻 코 眼鏡 안경 テーブルの左側 테이블의 왼편 腕 팔 お金 돈 はしご 사다리

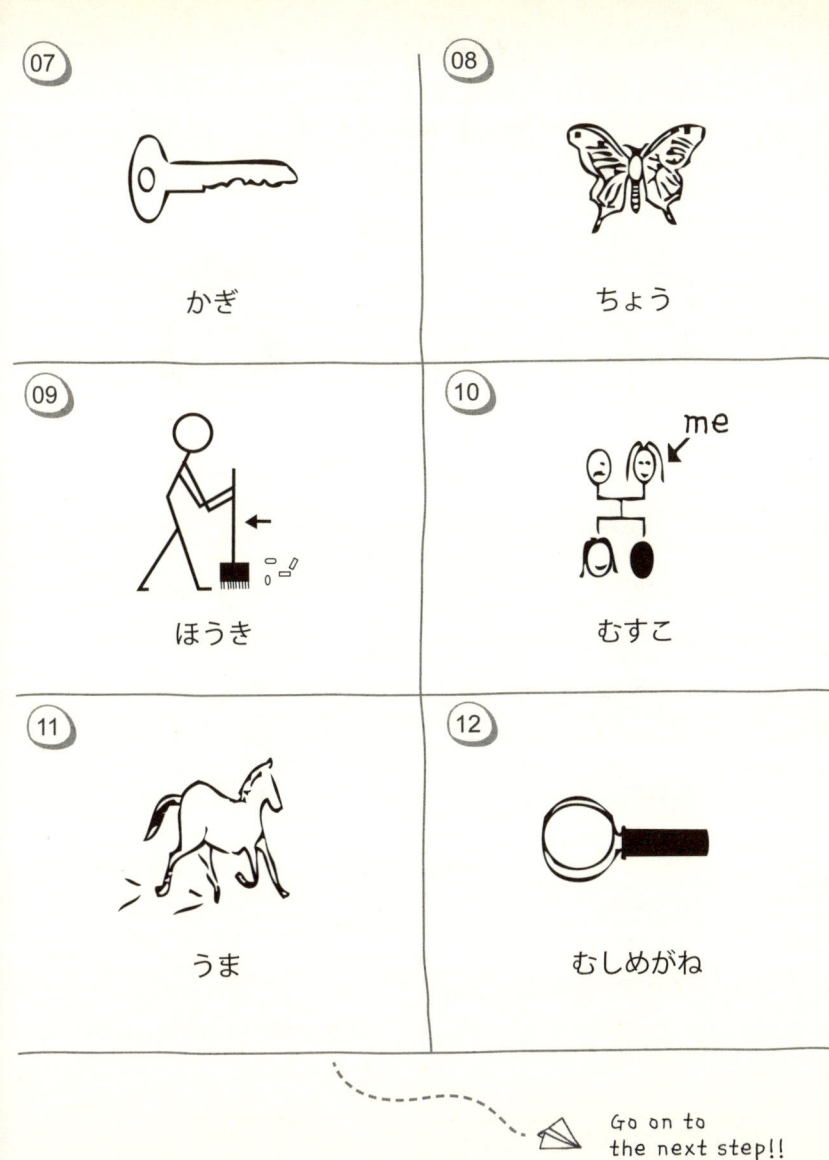

07 かぎ	08 ちょう	
09 ほうき	10 むすこ	
11 うま	12 むしめがね	

Go on to the next step!!

鍵(かぎ) 열쇠 蝶(ちょう) 나비 ほうき 빗자루 息子(むすこ) 아들 馬(うま) 말 虫眼鏡(むしめがね) 돋보기

step 59
START
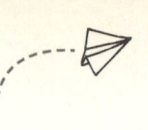

01  ろうそくにひをつける	02  ひだりめでウインクをする
03  てをあらう	04  まどをふく
05  うでをこうさささせる	06  はやくあるく

ろうそくに火をつける 촛불을 켜다　左目でウインクをする 왼쪽 눈으로 윙크를 하다　手を洗う 손을 씻다　窓を拭く 창문을 닦다　腕を交差させる 팔을 교차하다　速く歩く 빨리 걷다

07

いすのうえにたつ

08

テーブルにいぬをつなぐ

09

ぼうしをかぶる

10

ローラとおどる

11

ゆかでねる

12

がっこうにいく

Go on to the next step!!

椅子の上に立つ 의자 위에 올라서다　テーブルに犬を繋ぐ 테이블에 개를 묶다　帽子を被る 모자를 쓰다　ローラと踊る Lola와 춤추다　床で寝る 바닥에서 자다　学校に行く 학교에 가다

step 60
START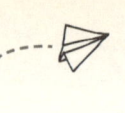

01

かみ

02

ゆびわ

03

くつ

04

スカート

05
50
ごじゅう

06

とり

かみ　　　　ゆびわ　　　　くつ
髪 머리카락　指輪 반지　靴 신발　スカート 스커트　五十 오십　鳥 새

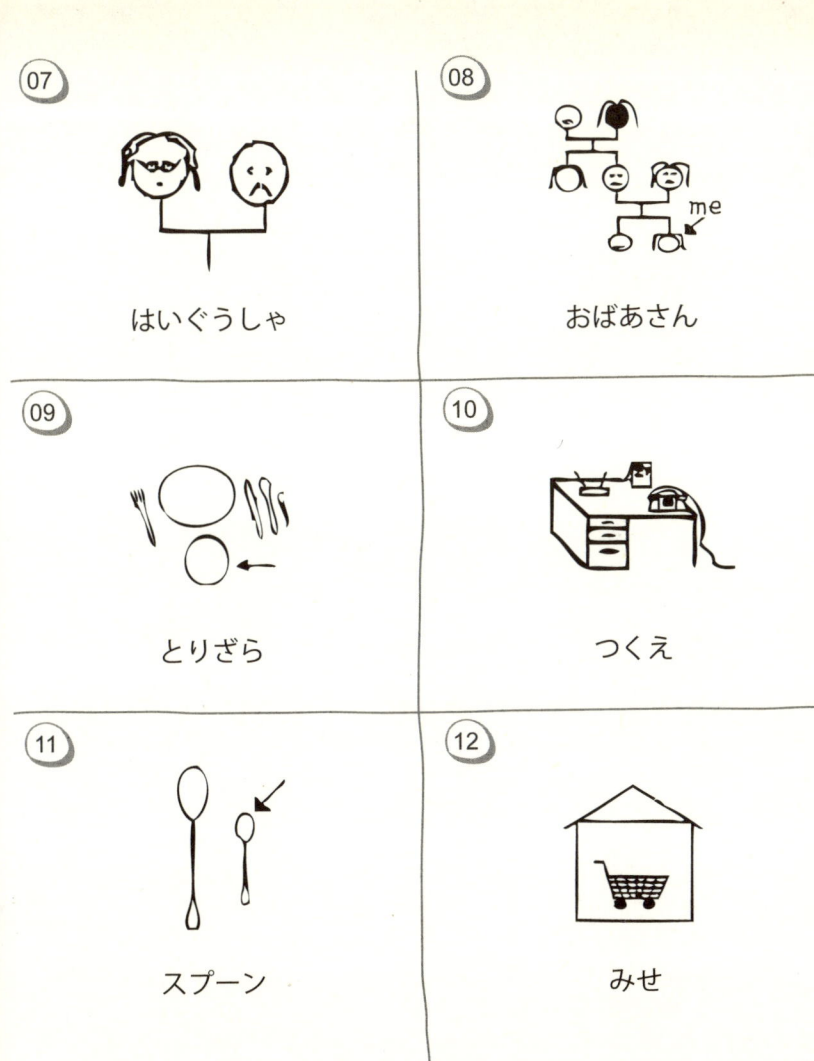

07 はいぐうしゃ	08 おばあさん
09 とりざら	10 つくえ
11 スプーン	12 みせ

配偶者 배우자 **おばあさん** 할머니 **取り皿** 앞접시 **机** 책상 **スプーン** 스푼 **店** 가게

세상에서 제일 쉬운
일본어책 ♪